医疗技术临床应用管理办法释义

国家卫生健康委员会医政医管局　组织编写

中国人口出版社
China Population Publishing House
全国百佳出版单位

图书在版编目（CIP）数据

医疗技术临床应用管理办法释义/国家卫生健康委员会医政医管局组织编写. —北京：中国人口出版社，2018.12

ISBN 978 - 7 - 5101 - 6358 - 6

Ⅰ.①医… Ⅱ.①国… Ⅲ.①医药卫生管理 - 法规 - 法律解释 - 中国 Ⅳ.①D922.165

中国版本图书馆 CIP 数据核字（2018）第 271454 号

医疗技术临床应用管理办法释义

国家卫生健康委员会医政医管局 组织编写

责任编辑	何 军
装帧设计	李尘工作室
责任印制	林 鑫 单爱军
出版发行	中国人口出版社
印 刷	北京柏力行彩印有限公司
开 本	880 毫米×1230 毫米 1/32
印 张	4.625
字 数	100 千字
版 次	2018 年 12 月第 1 版
印 次	2018 年 12 月第 1 次印刷
书 号	ISBN 978 - 7 - 5101 - 6358 - 6
定 价	28.00 元

社 长	邱 立
网 址	www.rkcbs.net
电子信箱	rkcbs@126.com
总编室电话	（010）83519392
发行部电话	（010）83510481
传 真	（010）83538190
地 址	北京市西城区广安门南街 80 号中加大厦
邮政编码	100054

编委会

主　审　张宗久

主　编　郭燕红

副主编　樊　静　马旭东

编写专家组成员（以姓氏笔画为序）

于洪涛　王同国　尹　畅　田　魁　付铁红

朱　敏　刘永军　刘　扬　阮小明　杜　冰

李环廷　张振伟　邵文杰　钮正春　姚瑞洁

高嗣法　郭乡平　陶　昊

导　言

医疗技术是医疗机构及其医务人员诊断和治疗疾病的医学专业手段和措施。改革开放40年来，我国医疗技术得到快速发展，大量新技术在临床推广使用，为满足广大患者健康需求发挥了重要作用。医疗技术作为医疗服务的重要载体，与医疗质量和医疗安全密切相关，直接关系到人民群众的健康权益和对医疗服务的切身感受。

加强医疗技术临床应用管理，保障医疗质量和医疗安全，维护患者健康权益，是医政管理和医院管理的重要内容。随着社会的发展，我国医疗技术临床应用管理在卫生行政部门层面经历了三个阶段。第一阶段，自2001年开始，原卫生部针对少数重点医疗技术制定发布法律法规和技术规范，如人类辅助生殖技术、造血干细胞移植技术、人体器官移植技术等，对重点医疗技术进行监督。第二阶段，2009年3月，原卫生部以规范性文件形式印发了《医疗技术临床应用管理办法》（卫医政发〔2009〕18号），对所有医疗技术实行分级分类管理，标志着我国建立医疗技术临床应用准入管理制度。第三阶段，按照国务院行政审批制度改革的要求，2015年，国务院陆续取消了第三类和第二类医疗技术临床应用准入审批事项，并对加强医疗技术临床应用事中事后监管做出了政策性安排，我国医疗技术临床应用管理模式从准入管理转变为事中事后监管。

2018 年 8 月，国家卫生健康委员会以国家卫生健康委员会令第 1 号颁布了《医疗技术临床应用管理办法》（以下简称《办法》），通过顶层制度设计，建立医疗技术临床应用的相关管理制度和工作机制，强化医疗机构在医疗技术临床应用管理中的主体责任以及卫生行政部门的监管责任，对保障医疗技术临床应用的质量和安全进行更多制度安排。一方面，为规范医疗技术临床应用管理提供法治依据，保障医疗质量和医疗安全；另一方面，有利于医学科学发展和医疗技术进步，维护人民群众健康权益。

《办法》充分总结了多年来医疗行业内医疗技术临床应用管理好的经验和做法，特别是将 2016～2017 年北京、浙江等 8 个省份医疗技术临床应用事中事后监管政策试点中形成的新的管理制度、管理模式进行了固化。为指导各地各医疗机构更好地理解并贯彻落实《办法》，国家卫生健康委医政医管局委托国家卫生计生委医院管理研究所组织医政管理、医院管理、临床和法律专业的相关专家，编写了《医疗技术临床应用管理办法释义》。

本书严格依据《办法》编写，对《办法》逐章逐条进行解释。重点对负面清单管理等新的管理制度、备案与公示等新的工作机制及与之有关新的法律责任进行了阐述和说明，便于各级卫生行政部门和各级各类医疗机构把握内涵、明确要求，进一步细化工作措施和流程，制定完善本地区和本机构具体实施办法。

本书编写人员均为具有多年医院管理和临床经验的专家。本书内容遵循“源于法律法规、便于实践操作”的原则，参考了医疗卫生相关法律法规、政策文件、行业标准和技术规范等，经过专家组多次集体讨论，并征求了一线卫生行政部门、临床专家和法律界人士的意见，力求使释义内容最大程度地符合制定《办法》的初衷，符合管理工作实际。

由于时间紧张，编写人员水平有限，本书难免存在不足之处，敬请各位专家和读者指正。

2018 年 11 月 13 日

《医疗技术临床应用管理办法》解读

一、《医疗技术临床应用管理办法》制定的目的和意义是什么?

医疗技术是指医疗机构及其医务人员以诊断和治疗疾病为目的，对疾病做出判断和消除疾病、缓解病情、减轻痛苦、改善功能、延长生命、帮助患者恢复健康而采取的医学专业手段和措施。医疗技术临床应用是指将经过临床研究论证安全性、有效性确切的医疗技术应用于临床，用以诊断或者治疗疾病的过程。

随着社会经济和科学技术的不断发展，医疗技术不断进步，新技术不断涌现，为提高疾病诊治水平，维护人民群众健康发挥了重要作用。同时，医疗技术作为医疗服务的重要载体，与医疗质量和医疗安全直接相关，医疗技术不规范的临床应用甚至滥用，会造成医疗质量和医疗安全隐患，危害人民群众健康权益。因此，需要进一步加强管理，既要促进医疗技术进步，造福患者健康，也要保障医疗质量和医疗安全，维护患者健康权益。

国家卫生健康委以部门规章发布《医疗技术临床应用管理

办法》，旨在通过加强医疗技术临床应用管理顶层设计，建立医疗技术临床应用的相关管理制度和工作机制，强化医疗机构在医疗技术临床应用管理中的主体责任以及卫生行政部门的监管责任，一方面有利于规范医疗技术临床应用管理，保障医疗技术的科学、规范、有序和安全的发展，另一方面，为保障医疗质量和医疗安全提供法治保障，维护人民群众健康权益。

二、《办法》对医疗技术临床应用管理作出了哪些制度设计？

一是建立医疗技术临床应用“负面清单管理”制度。将安全性、有效性不确切的医疗技术，或存在重大伦理问题的医疗技术，或已经被临床淘汰的医疗技术以及未经临床研究论证的医疗新技术列入“禁止类技术”清单，禁止应用于临床。将技术难度大、风险高，对医疗机构的服务能力、人员水平有较高专业要求而需要设置限定条件的医疗技术，或需要消耗稀缺资源的、涉及重大伦理风险的，或存在不合理临床应用需要重点管理的医疗技术纳入“限制类技术”清单，实施备案管理。国家卫生健康委制定发布国家限制类技术目录，省级卫生行政部门可以结合本地区实际，在国家限制类技术目录的基础上增补省级限制类技术。

二是建立限制类医疗技术临床应用备案制度。医疗机构拟开展限制类技术临床应用的，应当按照相关医疗技术临床应用管理规范进行自我评估，符合条件的可以开展临床应用，并向核发其《医疗机构执业许可证》的卫生行政部门备案，以便于行政部门加强事中事后监管。

三是建立医疗技术临床应用质量管理与控制制度。充分发挥各级、各专业医疗质量控制组织的作用，加强医疗技术临床应用质量控制，对医疗技术临床应用情况进行日常监测与定期评估，及时向医疗机构反馈质控和评估结果，持续改进医疗技术临床应用质量。

四是建立医疗技术临床应用规范化培训制度。《办法》规定，拟开展限制类技术的医师应当按照相关技术临床应用管理规范要求接受规范化培训并考核合格，同时，对“限制类技术”临床应用规范化培训基地实施省级备案管理。

五是建立信息公开制度。县级以上地方卫生行政部门应当及时向社会公开行政区域内经备案开展限制类技术临床应用的医疗机构名单及相关信息，便于查询和社会监督。

三、医疗机构如何管理本机构的医疗技术临床应用？

医疗机构对本机构医疗技术临床应用和管理承担主体责任，医疗机构主要负责人是本机构医疗技术临床应用管理的第一责任人。医疗机构应当根据其自身条件和技术能力开展相应的医疗技术临床应用，建立本机构医疗技术临床应用管理制度，包括但不限于医疗技术目录管理制度、手术分级管理制度、医师授权制度、质量控制制度、动态评估制度、档案管理制度等。医疗机构在医疗技术临床应用过程中，应当及时、准确、完整的报送相关技术开展情况数据信息，开展相关技术临床应用的条件发生变化，不能满足临床应用管理规范要求或影响临床应用效果，或者出现重大医疗质量、医疗安全或伦理问题，或者发生与技术相关的严重不良后果等情形时，应当按规定向有关部门报告。

目 录

第一章　总　则

本章共八条，阐述了《办法》总的原则、基本制度等，主要规定了立法目的和依据、医疗技术及其临床应用的定义、《办法》适用范围、管理基本原则、管理制度和体制等内容。提出了医疗技术及医疗技术临床应用的概念；将管理对象调整为“医疗机构和医务人员”；确立了医疗技术临床应用“负面清单”管理制度；明确了医疗机构对医疗技术临床应用和管理承担主体责任，医疗机构主要负责人为第一责任人；鼓励卫生行业组织参与医疗技术临床应用有关管理工作。

第一条　为加强医疗技术临床应用管理，促进医学科学发展和医疗技术进步，保障医疗质量和患者安全，维护人民群众健康权益，根据有关法律法规，制定本办法。

【释义】

本条是关于立法宗旨和立法依据的规定。

立法宗旨，即通常所说的立法目的，它主要是解决为什么要立法的问题；立法依据主要是解决根据什么来立法的问题。

本条是《办法》的核心，其内容贯穿于医疗技术临床应用管理的全过程。

一、立法宗旨

《办法》遵循了行政审批制度改革的总体要求，按照“简政放权、放管结合、优化服务”的原则和“公开、透明、可监督”的方针，切实转变政府职能，以问题为导向，创新了医疗技术临床应用事中事后监管方式，旨在促进医疗技术临床应用管理更加科学高效、责任更加明确完善、监管更加依法规范、信息更加公开透明。其立法目的主要包括以下四个方面。

（一）加强医疗技术临床应用管理

2015 年，国务院先后下发《国务院关于取消非行政许可审批事项的决定》（国发〔2015〕27 号）《国务院关于第一批取消 62 项中央指定地方实施行政审批事项的决定》（国发〔2015〕57 号），取消了第三类、第二类医疗技术临床应用准入审批。医疗技术临床应用管理模式发生了重大变化。《办法》的制定就是为了从源头上规范医疗技术临床应用，从主体上落实医疗机构责任，从全过程完善管理制度，保证各类医疗技术活动在有效的监督管理下规范开展，避免未成熟、违背伦理原则或已淘汰医疗技术的不合理应用，从而保障医疗安全。

（二）促进医学科学发展和医疗技术进步

医学科学的发展和医疗技术的进步是促进医疗卫生事业发展的动力。随着现代科学技术的高速发展，新技术在医学领域被广泛应用，如医学影像技术、医学内窥镜技术、核医学技术等，推动了临床医疗技术的快速进步，为临床上正确诊断疾病提供了支持，丰富了临床治疗疾病的手段，同时有力地推动了医学科学的发展。医疗技术的迅速发展和普遍应用，对医学科学的发展和诊疗技术的提高起到巨大推动作用，但同时也带来新的问题，如安全性、有效性不确切的“未成熟”医疗技术在临床的应用中给患者带来安全风险，某些新技术不合理、不规范的应用可能给患者带来安全风险的同时，也导致医疗费用过快增长，造成医疗资源浪费。《办法》的制定就是要从遵循医学科学、医疗技术发展的客观规律出发，对允许在临床应用的医疗技术范畴予以明确界定，对需要重点管理的医疗技术予以明确限定，对不允许在临床应用的医疗技术予以明确禁止，科学、规范地促进医学科学发展和医疗技术进步。

（三）保障医疗质量和患者安全

医疗质量和患者安全直接关系到人民群众的健康权益和对医疗服务的切身感受。持续改进质量，保障医疗安全，是医疗卫生事业改革和发展的重要内容和基础。医疗技术作为医疗服务要素之一，与医疗质量和医疗安全直接相关。近年来，国内发生的重大医疗质量安全事件，多数与医疗技术临床应用有关。有些是因为医疗技术的局限性，有些是因为医疗机构在不具备相应技术能力和安全保障能力的情况下违规开展医疗技术临床应用，有些是因为在医疗技术临床应用过程中违反了技术操作规范。《办法》从医疗技术临床应用管理制度设计、责任划定、措施落实、监管实施等全方位、全过程予以规定，最大限度地保障医疗质量和患者安全。

（四）维护人民群众健康权益

习近平总书记在党的十九大报告中指出，人民健康是民族昌盛和国家富强的重要标志。《“健康中国2030”规划纲要》提出，要坚持以人民为中心的发展思想，坚持正确的卫生与健康工作方针，以提高人民健康水平为核心，全方位、全周期维护和保障人民健康。医疗技术是医疗机构及其医务人员诊断和治疗疾病的医学专业手段和措施，是医疗服务的重要载体，与医疗质量和医疗安全密切相关，直接关系到人民群众的健康权益和对医疗服务的切身感受。《办法》立法的最终目的就是为维护人民群众健康权益。

二、立法依据

《办法》的立法依据主要包括《执业医师法》《医疗机构管理条例》《医疗事故处理条例》《护士条例》《乡村医生从业管理条例》《医疗质量管理办法》等有关法律法规和规章。

《医疗机构管理条例》第二十五条规定：“医疗机构执业，必须遵守有关法律、法规和医疗技术规范。”第二十七条规定：“医疗机构必须按照核准登记的诊疗科目开展诊疗活动。”《执业医师法》第二十二条规定：“医师在执业活动中履行下列义务：遵守法律、法规，遵守技术操作规范。”《护士条例》第十六条规定：“护士执业，应当遵守法律、法规、规章和诊疗技术规范的规定。”《乡村医生从业管理条例》第二十四条规定：“乡村医生在执业活动中应当履行下列义务：遵守法律、法规、规章和诊疗护理技术规范、常规。”《医疗质量管理办法》第十六条规定：“医疗机构开展医疗技术应当与其功能任务和技术能力相适应，按照国家关于医疗技术和手术管理有关规定，加强医疗技术临床应用管理。”

第二条 本办法所称医疗技术，是指医疗机构及其医务人员以诊断和治疗疾病为目的，对疾病作出判断和消除疾病、缓解病情、减轻痛苦、改善功能、延长生命、帮助患者恢复健康而采取的医学专业手段和措施。

本办法所称医疗技术临床应用，是指将经过临床研究论证且安全性、有效性确切的医疗技术应用于临床，用以诊断或者治疗疾病的过程。

【释义】

本条是对医疗技术、医疗技术临床应用概念的规定。

一、医疗技术

《办法》所称医疗技术概念包括以下三个方面。

（一）主体

指依法取得《医疗机构执业许可证》的医疗机构及取得执业资格的医务人员。

（二）目的

以诊断和治疗疾病为目的，对疾病作出判断和消除疾病、缓解病情、减轻痛苦、改善功能、延长生命、帮助患者恢复健康。

（三）属性

医学专业手段和措施。理解医疗技术概念需要与临床上常用的药品、医疗器械明确区分。《中华人民共和国药品管理法》规定：药品，是指用于预防、治疗、诊断人的疾病，有目的地调节人的生理机能并规定有适应症或者功能主治、用法和用量的物质。《医疗器械监督管理条例》规定：医疗器械，是指直接或者间接用于人体的仪器、设备、器具、体外诊断试剂及校准物、材料以及其他类似或者相关的物品。

通过对比相应概念，从属性上简单讲，医疗技术是医学专业手段和措施，药品是物质，医疗器械是物品。显而易见，**药品、医疗器械或具有相似属性的相关产品、制剂的相关制造、生产过程与工艺技术，如与医疗器械生产制造有关的3D打印技术等不属于《办法》所指的医疗技术范畴。**

二、医疗技术临床应用

把握此概念需要与医疗技术临床研究明确区分。医疗技术临床研究属于临床科学研究活动，主要任务是验证、确定新医疗技术的安全性、针对适应证的有效性及操作规程等。而医疗技术临床应用是将经过临床研究论证且安全性、有效性确切的医疗技术应用于临床，特指现阶段比较成熟的医疗技术。

第三条 医疗机构和医务人员开展医疗技术临床应用应当遵守本办法。

【释义】

本条是对适用范围和管理对象的规定。

一、医疗机构

医疗机构是指依法定程序取得《医疗机构执业许可证》，从事疾病诊断、治疗等活动的机构。医疗机构的类别包括：①综合医院、中医医院、中西医结合医院、民族医医院、专科医院、康复医院；②妇幼保健院、妇幼保健计划生育服务中心；③社区卫生服务中心、社区卫生服务站；④中心卫生院、乡（镇）卫生院、街道卫生院；⑤疗养院；⑥综合门诊部、专科门诊部、中医门诊部、中西医结合门诊部、民族医门诊部；⑦诊所、中医诊所、民族医诊所、卫生所、医务室、卫生保健所、卫生站；⑧村卫生室（所）；⑨急救中心、急救站；⑩临床检验中心；⑪专科疾病防治院、专科疾病防治所、专科疾病防治站；⑫护理院、护理站；⑬医学检验实验室、病理诊断中心、医学影像诊断中心、血液透析中心、安宁疗护中心；⑭其他诊疗机构。

二、医务人员

医务人员指依法取得执业资格的医疗卫生专业技术人员，

包括医师、护士、药学技术人员、医技人员等。

医师指依法取得执业医师、执业助理医师资格，经注册在医疗机构从事医疗、预防、保健等工作的人员。

护士指依法取得护士执业证书，经执业注册在医疗机构从事护理工作的人员。

药学技术人员指依法取得药学专业技术职称，在医疗机构从事药学工作的药师及技术人员。

医技人员指医疗机构内除医师、护士、药学技术人员之外，从事其他医疗服务的卫生专业技术人员。

第四条　医疗技术临床应用应当遵循科学、安全、规范、有效、经济、符合伦理的原则。

安全性、有效性不确切的医疗技术，医疗机构不得开展临床应用。

【释义】

本条是对医疗技术临床应用基本原则的规定。

一、科学性原则

指医疗技术临床应用要以医学科学理论和科学事实为依据，遵循科学程序、科学方法，符合客观事实的标准，富有科学的依据。

二、安全性原则

指医疗技术临床应用过程中要尽可能降低对患者健康造成危害的风险，保障患者安全。

三、规范性原则

指医疗技术临床应用过程中严格遵守卫生行政部门制定发布的医疗技术临床应用管理规范、技术操作规范等。卫生行政部门未制定发布管理规范、技术操作规范的医疗技术，医疗机构要结合行业组织发布的技术指南、共识等进行规范化管理。

四、有效性原则

指医疗技术临床应用应当能够改善人的健康状况，对诊断疾病和消除疾病、缓解病情、减轻痛苦、改善功能、延长生命、帮助患者恢复健康有益。

五、经济性原则

指在医疗技术临床应用过程中，关注成本－效果、成本－效用、成本－效益等指标，提高成本投入与临床疗效的性价比。

六、符合伦理原则

医疗技术临床应用要坚持现代医学伦理学确立的四项最基本的伦理学原则：不伤害、有利、尊重、公平。

“不伤害原则”是指在医疗技术临床应用过程中，不使患者的身心受到损伤。其真正意义是在实践中尽力避免让患者承受不应有的医疗伤害，具体要求是：强化以患者为中心的动机和意识，坚决杜绝有意和责任伤害；恪尽职守，不给患者造成本可避免的身体、精神上的伤害和经济上的损失；选择最佳医疗技术，并在临床应用中尽最大努力，把不可避免但可控伤害控制在最低限度。

“有利原则”是指在医疗技术临床应用过程中，医务人员对患者履行有利的德行，以保护患者利益、尊重患者意见、促进患者健康、增进患者幸福为目的的伦理原则。有利原则要求医务人员行为对患者确有益处，在利害并存时，要给患者带来最大的益处和最小的伤害。

“尊重原则”是指在医疗技术临床应用过程中，尊重患者及其家属独立而平等的人格与尊严；不仅要尊重患者人格，还包括对患者自主性的尊重，即要尊重患者的自主权利（有权利就应用于自身的医疗技术问题作出决定）；要严格履行知情同意程序，充分告知患者及其家属医疗技术临床应用的效果、风险以及替代医疗技术等情况，防止使用欺骗、利诱、胁迫等手段应用医疗技术。另外对儿童、孕妇、智力低下者、精神障碍者等特殊患者，应当予以特别保护，充分尊重其法定代理人、家属、近亲属的知情同意权。

“公平原则”指医疗技术临床应用过程中，对患者应该公平对待，不论性别、年龄、肤色、种族、身体状况、经济状况或地位高低，绝不能进行歧视。公平原则还包括每一名患者都具有平等合理享受医疗技术相关医疗资源或享有公平分配的权利，享有参与医疗技术相关医疗资源的分配和使用的权利。

第五条 国家建立医疗技术临床应用负面清单管理制度，对禁止临床应用的医疗技术实施负面清单管理，对部分需要严格监管的医疗技术进行重点管理。其他临床应用的医疗技术由决定使用该类技术的医疗机构自我管理。

【释义】

本条是对医疗技术临床应用“负面清单”管理基本制度的规定。

医疗技术临床应用“负面清单”管理制度借鉴了商业投资领域管理模式，创新性地对医疗技术临床应用实施“负面清单”管理，有利于保障医疗质量和医疗安全，管控伦理风险，保障人民群众健康权益。

一、禁止类清单

禁止类清单是指针对禁止临床应用的医疗技术。医疗机构禁止临床应用安全性、有效性不确切的医疗技术（如脑下垂体酒精毁损术治疗顽固性疼痛），存在重大伦理问题（如克隆治疗技术、代孕技术），已经被临床淘汰的医疗技术（如角膜放射状切开术），未经临床研究论证的医疗技术。

安全性、有效性不确切的医疗技术，是指未经科学方法充分评估是否会对患者健康造成危害及其程度，或者未经科学评估能否获得改善患者健康状况的效果及其显著程度的医疗技术。此类技术不得在临床应用。此外，涉及使用药品、器械或具有相似属性的相关产品、制剂等的医疗技术，在药品、医疗器械或具有相似属性的相关产品、制剂等未经食品药品监督管理部门批准上市前，医疗机构不得开展临床应用。

二、限制类清单

限制类清单是指针对部分需要严格监管的医疗技术，又称“限制类技术”。由省级以上卫生行政部门作为需要重点加强管理的医疗技术，主要包括以下几类：①技术难度大、风险高，对医疗机构的服务能力、人员水平有较高专业要求，需要设置限定条件的；②需要消耗稀缺资源的；③涉及重大伦理风险的；④存在不合理临床应用，需要重点管理的。国家卫生健康委已发布造血干细胞移植技术等 15 个国家“限制类技术”。省级卫生行政部门可以增补省级“限制类技术”。

三、其他

其他是指针对未纳入“禁止类技术”和“限制类技术”目录的其他医疗技术，医疗机构通过常规管理在临床应用中能确保其安全性、有效性的技术。由医疗机构根据功能、任务、技术能力自行决定开展临床应用，并按照《办法》的有关规定对开展的医疗技术临床应用实施严格管理。

第六条　医疗机构对本机构医疗技术临床应用和管理承担主体责任。医疗机构开展医疗技术服务应当与其技术能力相适应。

医疗机构主要负责人是本机构医疗技术临床应用管理的第一责任人。

【释义】

本条是对医疗技术临床应用和管理主体责任的规定。

一、主体责任

本条所指主体责任是《办法》要求医疗机构在医疗技术临床应用和管理中应当执行有关规定，明确工作职责，具备一定条件和能力，落实管理规范，承担法律责任。主要包括医疗技术临床应用和管理有关规章制度制定和落实责任、能力评估责任、备案公示责任、日常管理责任、质量安全保障责任、管理机构设置和人员配备责任、资金投入责任、设备设施保障责任、培训考核责任、特殊情况报告责任以及规定的其他责任。

二、第一责任人

《医疗机构执业许可证》确定的医疗机构主要负责人是本机构医疗技术临床应用和管理的第一责任人，第一责任人对本医疗机构所有的医疗技术临床应用负总责。

三、关于技术能力

医疗机构应该根据医疗技术临床应用管理规范的基本要求，充分评估本机构的技术能力，开展与其相适应的医疗技术服务。与技术能力相适应的要求主要包括以下几项。

具有卫生行政部门核准登记的与开展相关医疗技术相适应的诊疗科目，如造血干细胞移植技术要求医疗机构有卫生行政部门核准登记的血液内科或儿科及相关专业诊疗科目。

具有与开展相关医疗技术相适应的设备、设施和辅助科室，如造血干细胞移植技术要求医疗机构有百级层流病房床位 4 张以上，配备患者呼叫系统、心电监护仪、外周血干细胞采集机、流式细胞仪等设备设施，还应当有具备一定条件和能力的实验室、放射治疗科或有固定协作关系的实验室、放射治疗科。

具有相关医疗技术临床应用能力的医务人员，具有经过相关医疗技术知识和技能培训的、与开展医疗技术相适应的其他专业技术人员。如造血干细胞移植技术要求医疗机构有符合开展该技术基本要求的医师，基本要求包括执业范围、职称、工作经历、人数等，还要求医疗机构的其他相关卫生专业技术人员需要经过造血干细胞移植治疗技术相关专业系统培训，满足开展造血干细胞移植治疗技术临床应用所需的相关条件。

制定相关医疗技术临床应用的技术性文件，包括技术管理规范、技术操作规范、技术操作规程等。

具有与医疗技术临床应用相适应的制度管理和质量控制体系。

符合相关医疗技术临床应用管理规范规定的其他要求。

第七条　国家卫生健康委负责全国医疗技术临床应用管理工作。

县级以上地方卫生行政部门负责本行政区域内医疗技术临床应用监督管理工作。

【释义】

本条是医疗技术临床应用监管责任主体的规定。

一、国家卫生健康委的职责

医疗技术的管理是国家卫生健康委的法定职责。《办法》规定国家卫生健康委的主要工作任务包括：建立医疗技术临床应用“负面清单”管理制度，制定发布或者委托专业组织制定发布“禁止类技术”目录、国家“限制类技术”目录及其临床应用管理规范，并根据情况适时予以调整；建立医疗技术临床应用质量管理与控制制度，对医疗技术临床应用情况进行日常监测与定期评估；建立医疗技术临床应用规范化培训制度，统一组织制定国家“限制类技术”的培训标准和考核要求；建立全国医疗技术临床应用信息化管理平台，对国家“限制类技术”临床应用相关信息进行收集、分析和反馈；建立医疗技术临床应用评估制度，对医疗技术的安全性、有效性、经济适宜性及伦理问题等进行评估；建立医疗技术临床应用评估制度；建立医疗机构医疗技术临床应用情况信誉评分制度；根据需要调查处理违反《办法》规定的医疗机构和医务人员。

二、各级地方卫生行政部门的监督管理工作职责

省（区、市）、县级卫生行政部门按照《办法》有关规定，分别负责本辖区医疗技术临床应用的监督管理工作。包括对核发《医疗机构许可证》的医疗机构开展“限制类技术”临床应用履行备案程序并向社会公布；对行政区域内医疗机构落实《办法》情况按照属地化原则依法履行监督管理职责。

省级卫生行政部门还有以下职责：结合本行政区域实际增补省级“限制类技术”相关项目，制定发布相关技术临床应用管理规范，并报国家卫生健康委备案；统一组织制订省级增补的“限制类技术”和其他需要重点加强培训的医疗技术的培训标准，对培训基地管理和参加培训医师的培训考核提出统一要求，并向社会公布；对行政区域内医疗机构开展“限制类技术”规范化培训工作履行备案程序，并向社会公布；建立省级医疗技术临床应用信息化管理平台，对本行政区域内国家和省级“限制类技术”临床应用情况实施监督管理；根据《办法》，结合地方实际制定具体实施办法。

第八条 鼓励卫生行业组织参与医疗技术临床应用质量控制、规范化培训和技术评估工作，各级卫生行政部门应当为卫生行业组织参与医疗技术临床应用管理创造条件。

【释义】

本条是卫生行业组织参与医疗技术临床应用管理有关工作的规定。

卫生行业组织作为专业性团体，为规范医疗技术临床应用管理提供专业技术支持，各级卫生行政部门要充分认识到卫生行业组织的专业性作用，为卫生行业组织参与医疗技术临床应用管理创造条件，提供政策支持和保障。

（朱敏、阮小明）

第二章 医疗技术负面清单管理

本章共五条，是对医疗技术“负面清单”管理制度的具体规定和管理要求，包括“禁止类技术”和“限制类技术”的确定原则，备案管理的要求和具体实施办法，“负面清单”以外的技术管理要求等内容。明确“禁止类技术”禁止在临床应用，对“限制类技术”实施备案管理，“禁止类技术”和“限制类技术”以外医疗技术的临床应用，由医疗机构根据功能、任务、技术能力自我管理。

第九条 医疗技术具有下列情形之一的，禁止应用于临床（以下简称禁止类技术）：

（一）临床应用安全性、有效性不确切；

（二）存在重大伦理问题；

（三）该技术已经被临床淘汰；

（四）未经临床研究论证的医疗新技术。

禁止类技术目录由国家卫生健康委制定发布或者委托专业组织制定发布，并根据情况适时予以调整。

【释义】

本条是对“禁止类技术”确定原则和目录管理的规定。

医疗技术作为医疗服务要素之一，与医疗质量和医疗安全直接相关。对医疗技术临床应用进行规范管理，从源头上遏制医疗技术不合理使用，避免安全性、有效性不确切，违背伦理或已淘汰的医疗技术应用于临床，从而保障医疗安全。

一、“禁止类技术”确定原则

（一）临床应用安全性、有效性不确切

《办法》第四条明确规定：医疗技术临床应用应当遵循科学、安全、规范、有效、经济、符合伦理的原则。安全性、有效性不确切的医疗技术，医疗机构不得开展临床应用，如脑下垂体酒精毁损术治疗顽固性疼痛。

（二）存在重大伦理问题

技术本身不符合当前我国伦理学原则，如异种器官移植技术、克隆技术等。

（三）该技术已经被临床淘汰

被临床淘汰的医疗技术指经临床实践证明，技术本身因安全性、有效性等存在问题或被更适宜技术完全替代，不宜继续在临床应用的医疗技术，如角膜放射状切开术、首批淘汰的三十五项临床检验项目等。

（四）未经临床研究论证的医疗新技术

医疗机构采用国内首次临床应用的新技术，应当事先按照国家有关规定完成该技术的临床研究，并按照国家有关规定进行技术评估和医学伦理审查，通过后方可开展临床应用。

二、“禁止类技术”目录管理

本条明确“禁止类技术”目录由国家卫生健康委制定或者委托专业组织制定发布，并根据情况适时予以调整。省级以下卫生行政部门不能发布“禁止类技术”目录。省级以下卫生行政部门发现医疗技术临床应用中可能存在应当列入“禁止类技术”情形的，按照《办法》第二十五条规定逐级上报。

第十条　禁止类技术目录以外并具有下列情形之一的，作为需要重点加强管理的医疗技术（以下简称限制类技术），由省级以上卫生行政部门严格管理：

（一）技术难度大、风险高，对医疗机构的服务能力、人员水平有较高专业要求，需要设置限定条件的；

（二）需要消耗稀缺资源的；

（三）涉及重大伦理风险的；

（四）存在不合理临床应用，需要重点管理的。

国家限制类技术目录及其临床应用管理规范由国家卫生健康委制定发布或者委托专业组织制定发布，并根据临床应用实际情况予以调整。

省级卫生行政部门可以结合本行政区域实际情况，在国家限制类技术目录基础上增补省级限制类技术相关项目，制定发布相关技术临床应用管理规范，并报国家卫生健康委备案。

【释义】

本条是对“限制类技术”确定原则和目录管理的规定。

“限制类技术”是相对于医疗机构自我管理的技术而言，指基于医疗技术本身的内在需要，有一定限制条件并要重点加强管理的医疗技术。

一、“限制类技术”确定原则

（一）技术难度大、风险高，对医疗机构的服务能力、人员水平有较高专业要求，需要设置限定条件的

为了保证治疗的安全性和有效性，需要对此类技术设置一定的限定条件并重点管理，如质子、重离子加速器放射治疗技术等。

（二）需要消耗稀缺资源的

从经济学上讲，有限又有多种用途的资源称为相对稀缺资源，如涉及使用同种异体的器官或组织的技术，由于来源有限，所以需要重点加强管理，保障临床应用的质量和合理性。

（三）涉及重大伦理风险的

医疗技术本身符合我国现行伦理学原则，但在使用中如果

管理不当，容易出现伦理学风险，需要重点加强管理，如性别重置技术等。

（四）存在不合理临床应用，需要重点管理的

医疗技术有不合理应用倾向或存在不合理临床应用的情况，如超范围、超适应证使用放射性治疗的一些技术，会威胁患者安全，导致资源浪费，需要重点管理，限制临床应用。

二、国家“限制类技术”目录管理

2017 年 2 月，原国家卫生计生委印发了《造血干细胞移植技术管理规范（2017 年版）等 15 个“限制临床应用”医疗技术管理规范和质量控制指标的通知》（国卫办医发〔2017〕7 号），公布了 15 项国家“限制类技术”目录及其管理规范、质量控制指标。

国家“限制类技术”目录（2015 年版）：

造血干细胞移植技术；

同种胰岛移植技术；

同种异体运动系统结构性组织移植技术；

同种异体角膜移植技术；

同种异体皮肤移植技术；

性别重置技术；

质子和重离子加速器放射治疗技术；

放射性粒子植入治疗技术；

肿瘤深部热疗和全身热疗技术；

肿瘤消融治疗技术；

心室辅助技术；

人工智能辅助诊断技术；

人工智能辅助治疗技术；

颅颌面畸形颅面外科矫治技术；

口腔颌面部肿瘤颅颌联合根治技术。

各“限制类技术”所指的具体技术范围在相关技术管理规范中均已予以明确。

三、省级“限制类技术”目录管理

本条规定在国家“限制类技术”目录的基础上，省级卫生行政部门可以结合本行政区域实际情况增补省级“限制类技术”相关项目，凡是在省级“限制类技术”目录范围内的技术，国家发布了相关技术规范的，按照国家发布的规范执行；国家未发布相关规范的，省级卫生行政部门必须逐一制定发布相关技术临床应用管理规范，并报国家卫生健康委备案。

例如，浙江省卫生计生委发布了省级《限制临床应用的医疗技术（2017 版）目录》，包括心血管疾病介入诊疗技术、脑血管疾病介入诊疗技术、骨性面部轮廓整形技术、高强度聚焦超声技术、人工关节置换技术、肿瘤纳米刀消融治疗技术等，并逐一发布了相应的技术管理规范。

第十一条　对限制类技术实施备案管理。医疗机构拟开展限制类技术临床应用的，应当按照相关医疗技术临床应用管理规范进行自我评估，符合条件的可以开展临床应用，并于开展首例临床应用之日起15个工作日内，向核发其《医疗机构执业许可证》的卫生行政部门备案。备案材料应当包括以下内容：

（一）开展临床应用的限制类技术名称和所具备的条件及有关评估材料；

（二）本机构医疗技术临床应用管理专门组织和伦理委员会论证材料；

（三）技术负责人（限于在本机构注册的执业医师）资质证明材料。

备案部门应当自收到完整备案材料之日起15个工作日内完成备案，在该医疗机构的《医疗机构执业许可证》副本备注栏予以注明，并逐级上报至省级卫生行政部门。

【释义】

本条是对医疗机构开展“限制类技术”实施备案管理制度和流程的规定。

备案管理制度是指医疗机构开展“限制类技术”临床应用

时，需按照卫生行政部门有关要求完成备案工作的制度。

本条规定的备案是**告知性备案**，卫生行政部门仅对医疗机构备案材料进行**完整性审核**。

一、备案流程

（一）自我评估

开展“限制类技术”的医疗机构承担主体责任，在开展“限制类技术”前需进行自我评估。按照国家卫生健康委或省级卫生行政部门发布的医疗技术临床应用管理规范，从机构基本要求、人员基本要求、技术管理基本要求等方面进行自我评估。

（二）评估结果判定

医疗机构根据评估的情况进行自我判定。判定结果符合条件的可以开展临床应用，不符合条件的不能开展临床应用。

（三）提交备案材料

医疗机构开展首例“限制类技术”临床应用之日起15个工作日内，按要求准备备案材料，并向核发其《医疗机构执业许可证》的卫生行政部门备案。

（四）形式审查

备案部门收到备案材料后，对材料的完整性进行形式审查。材料不完整的，由医疗机构补充完整后再次提交审查。

（五）完成备案

备案部门收到完整备案材料后，于15个工作日内完成备案，在该医疗机构的《医疗机构执业许可证》副本栏予以注明，并在医疗机构电子证照注册系统中备注。

（六）逐级上报

备案部门完成备案后，逐级上报至省级卫生行政部门。

二、“限制类技术”备案材料

“限制类技术”备案应当包括但不限于以下材料。

（一）开展临床应用的“限制类技术”名称和所具备的条件及有关评估材料

评估材料应包括相应技术规范中要求的内容，如满足管理规范中关于医疗机构基本要求、人员基本要求、技术管理基本要求等规定的证明材料。

（二）本机构医疗技术临床应用管理专门组织和伦理委员会论证材料

“限制类技术”应该由医疗技术临床应用管理专门组织对其技术的科学性、安全性、规范性、有效性及经济性进行论证，伦理委员会按照基本医学伦理原则对医疗技术临床应用过程中的伦理风险进行论证。备案的论证材料包括医疗技术论证详细资料及结论。

（三）技术负责人（限于在本机构注册的执业医师）资质论证材料

《医师执业注册管理办法》第十条规定：“在同一执业地点多个机构执业的医师，应当确定一个机构作为其主要执业机构，并向批准该机构执业的卫生计生行政部门申请注册；对于拟执业的其他机构，应当向批准该机构执业的卫生计生行政部门分别申请备案，注明所在执业机构的名称。医师只有一个执业机构的，视为其主要执业机构。”本条强调，技术负责人限于在本机构注册的执业医师，根据上述规定，**医疗机构开展“限制类技术”的技术负责人，必须是主要执业机构为本机构的医师担任。**

资质证明材料应包括资格证书、执业证书、职称证书等。

省级卫生行政部门可对备案材料的形式和内容补充提出具体要求。

第十二条　未纳入禁止类技术和限制类技术目录的医疗技术，医疗机构可以根据自身功能、任务、技术能力等自行决定开展临床应用，并应当对开展的医疗技术临床应用实施严格管理。

【释义】

本条是对未纳入“禁止类技术”和“限制类技术”目录的其他医疗技术的管理规定。

本条再次明确，医疗机构开展未纳入“禁止类技术”和“限制类技术”目录的其他医疗技术，可以根据其功能、任务、技术能力自行决定开展，并按照《办法》的有关规定对开展的医疗技术临床应用实施严格管理。具体管理包括但不限于：建立本机构医疗技术临床应用管理制度，如目录管理、手术分级、医师授权、质量控制、档案管理、动态评估等制度，保障医疗技术临床应用质量和安全。

第十三条　医疗机构拟开展存在重大伦理风险的医疗技术，应当提请本机构伦理委员会审议，必要时可以咨询省级和国家医学伦理专家委员会。未经本机构伦理委员会审查通过的医疗技术，特别是限制类医疗技术，不得应用于临床。

【释义】

本条是对开展医疗技术临床应用伦理风险管理的具体规定。

医疗机构伦理委员会要对本机构所有开展临床应用的医疗技术进行伦理审查。对医疗机构拟开展存在重大伦理风险的医疗技术，应当提请本机构伦理委员会审议，本机构审查有困难的，可以咨询省级和国家医学伦理专家委员会。

（姚瑞洁、朱敏、邵文杰）

第三章 管理与控制

本章共十二条，提出了国家建立医疗技术临床应用质量管理与控制制度的要求；规定了医疗机构在医疗技术临床应用管理与控制中的组织管理及主要职责；医疗机构的医疗技术临床应用管理制度，包括目录管理、手术分级、医师授权、质量控制、档案管理、动态评估等；医疗机构开展医疗技术临床应用管理的诊疗科目、专业技术人员、相应的设备、设施和质量控制要求；提出了建立医疗技术临床应用管理制度，医师手术授权与动态管理制度，医疗技术临床应用论证制度，评估制度，规范化培训制度，院务公开制度的要求；规定了应当立即停止某项医疗技术临床应用的具体情形。

第十四条 国家建立医疗技术临床应用质量管理与控制制度，充分发挥各级、各专业医疗质量控制组织的作用，以“限制类技术”为主加强医疗技术临床应用质量控制，对医疗技术临床应用情况进行日常监测与定期评估，及时向医疗机构反馈质控和评估结果，持续改进医疗技术临床应用质量。

【释义】

本条是医疗技术临床应用质量管理与控制工作的规定。

国家建立医疗技术临床应用质量管理与控制制度，发挥各级、各专业质控组织作用，对各级各类医疗机构的医疗技术临床应用情况进行监测，持续改进医疗技术临床应用质量。

一、建立健全医疗技术临床应用质量管理与控制制度

为促进医疗质量管理与控制工作的规范化、专业化、标准化、精细化，持续改进医疗质量，保障医疗安全，必须建立适合我国国情的医疗质量管理与控制体系。《医疗质量管理办法》对国家医疗质量管理与控制体系进行顶层设计。医疗技术作为医疗服务要素之一，在医疗质量中起决定性作用，是医疗质量的内在核心。各级卫生行政部门，各级、各专业质控组织，各级各类医疗机构在日常管理过程中依据国家制定的医疗技术临床应用质量管理与控制制度，全面、全过程强化管理，开展质量控制，规范医疗技术临床应用。

二、医疗技术临床应用质量管理与控制的重点

各级、各专业质控组织以“限制类技术”为主，依据国家卫生健康委及省级卫生行政部门制定的“限制类技术”质量控制指标及标准，对医疗技术临床应用情况加强日常监测与定期评估。运用国家及省级医疗技术临床应用信息化管理平台或各专业质控信息系统，通过日常监测或定期评估，分析形成质控报告，为卫生行政部门管理决策提供科学依据，同时反馈给医疗机构，促进医疗技术临床应用质量安全持续改进。

第十五条　二级以上的医院、妇幼保健院及专科疾病防治机构医疗质量管理委员会应当下设医疗技术临床应用管理的专门组织，由医务、质量管理、药学、护理、院感、设备等部门负责人和具有高级技术职务任职资格的临床、管理、伦理等相关专业人员组成。该专门组织的负责人由医疗机构主要负责人担任，由医务部门负责日常管理工作，主要职责是：

（一）根据医疗技术临床应用管理相关的法律、法规、规章，制定本机构医疗技术临床应用管理制度并组织实施；

（二）审定本机构医疗技术临床应用管理目录和手术分级管理目录并及时调整；

（三）对首次应用于本机构的医疗技术组织论证，对本机构已经临床应用的医疗技术定期开展评估；

（四）定期检查本机构医疗技术临床应用管理各项制度执行情况，并提出改进措施和要求；

（五）省级以上卫生行政部门规定的其他职责。

其他医疗机构应当设立医疗技术临床应用管理工作小组，并指定专（兼）职人员负责本机构医疗技术临床应用管理工作。

【释义】

本条是关于医疗机构加强医疗技术临床应用管理，建立医疗技术临床应用管理专门组织及管理职责的规定。

一、二级以上医疗机构医疗技术临床应用管理架构及成员组成

医疗技术临床应用管理是医疗质量管理的重要内容。《办法》规定的医疗技术临床应用管理与《医疗质量管理办法》内容相衔接，按照《医疗质量管理办法》，二级以上医疗机构已经建立了医疗质量管理委员会，医疗机构应在医疗质量管理委员会下设立医疗技术临床应用管理专门组织，负责本机构医疗技术临床应用质量管理与控制。医疗机构对本机构医疗技术临床应用和管理承担主体责任，由医疗机构主要负责人担任医疗技术临床应用管理组织的负责人，与医疗质量管理委员会保持一致。

医疗技术临床应用管理专门组织成员应包括医疗管理、质量控制、护理、医院感染管理、临床、药学、医技、伦理、设备、信息、后勤等相关专业人员，管理组织成员分别负责医疗技术临床应用过程中相关环节、事项的管理，并建立医疗技术临床应用管理沟通协作机制。

二、医疗技术临床应用管理专门组织的主要职责

《办法》明确了二级以上医疗机构医务部门负责日常管理

工作，为医疗技术临床应用管理主要牵头部门，通常将医疗技术临床应用管理办公室设在医务部门，由医务部门负责人担任办公室主任。医疗技术临床应用管理办公室在医疗技术临床应用管理专门组织的领导下，开展日常管理工作，并接受医疗技术临床应用管理专门组织监管。医疗技术临床应用管理专门组织主要职责如下。

（一）根据医疗技术临床应用管理相关的法律、法规、规章，制定本机构医疗技术临床应用管理制度并组织实施

本条是指医疗机构医疗技术临床应用管理必须依据法律、法规、规章、其他规范性文件及诊疗指南等，由医疗技术临床应用管理专门组织制定符合本机构实际情况、可操作性强的医疗技术临床应用管理制度，完善本机构医疗技术临床应用管理的制度体系，包括目录管理、手术分级、医师授权、质量控制、档案管理、论证制度、评估制度等，确保本机构医疗技术临床应用管理科学化、规范化。

目前，各医疗机构医疗技术临床应用管理的内部协调机制不尽相同，因此各医疗机构在国家医疗技术临床应用管理法律、法规、规章及相关规范性文件的基础上，制定切合实际、可操作性强的管理制度，明确医疗技术临床应用管理工作流程，是保障本机构医疗技术临床应用制度得以落实的基础和关键。

（二）审定本机构医疗技术临床应用管理目录和手术分级管理目录并及时调整

医疗机构对本机构医疗技术临床应用承担主体责任，本机构医疗技术临床应用管理专门组织首先梳理并审定本机构的医疗技术临床应用管理目录和手术分级管理目录。掌握本机构内所有正在开展的医疗技术，是本机构医疗技术临床应用管理的关键，也是医疗机构开展医疗技术临床应用授权管理、分级管理、个人技术档案管理、质量控制的基础。没有纳入本机构医疗技术临床应用管理目录及手术分级管理目录内的医疗技术不允许临床应用。

医疗技术临床应用管理目录是指本医疗机构开展的所有医疗技术的目录清单。医疗机构应该根据卫生行政部门管理要求，本机构医疗技术发展水平及临床应用情况等进行适时调整。目录清单中的手术应当进行分级管理。

（三）对首次应用于本机构的医疗技术组织论证，对本机构已经临床应用的医疗技术定期开展评估

医疗机构采用医疗新技术分为两个层次。一是国内已有其他医疗机构开展临床应用的新技术。医疗机构应当组织开展技术评估和伦理审查，结合本机构功能、任务，重点评估本机构技术能力和安全保障能力，技术评估和伦理审查通过后方可开展。二是国内首次临床应用的新技术。医疗机构应当事先按照国家有关规定完成该技术的临床研究，并按照国家有关规定进行技术和医学伦理审查，通过后方可开展临床应用。

（四）定期检查本机构医疗技术临床应用管理各项制度执行情况，并提出改进措施和要求

医疗技术临床应用管理制度是对医疗技术的管理机制、管理原则、管理方法以及管理组织设置所进行的一种规范，是实施医疗技术临床应用管理行为的基础。各种管理制度都有自己特定的适用范围，在这个范围内，所有同类事情均需按此制度办理，管理制度一旦制定，在一定时间内不能轻易变更，否则无法保证其权威性。

医疗机构医疗技术临床应用管理组织应对本机构医疗技术临床应用管理各项制度执行情况进行定期审议，审议内容包括管理制度本身的合理性、医务人员对管理制度的知晓程度、执行情况、反馈意见及奖罚措施等事项的落实程度。根据在医疗技术临床应用和管理制度执行过程中所发现的问题，对制度本身和医疗技术临床应用的相关部门、科室、人员、环节等提出进一步的改进措施和要求。

（五）省级以上卫生行政部门规定的其他职责

省级以上卫生行政部门对医疗机构医疗技术临床应用管理组织职责的其他规定，医疗机构都要贯彻落实。

三、其他医疗机构医疗技术临床应用质量管理要求

《办法》界定的“其他医疗机构”是指除二级以上医院、妇幼保健院及专科疾病防治机构以外的其他医疗机构，如乡镇卫生院、社区卫生服务中心等。目前，我国医疗机构从类别、级别、规模上存在差异，因此在医疗技术管理模式上不能完全

统一。其他医疗机构的设置级别低，规模较小，科室及职能管理部门设置不够全面，甚至不能单独设置医疗质量管理部门，类似医疗机构应当设立医疗技术临床应用管理小组，指定专职或兼职人员负责日常管理工作，确保责任落实到人，保障医疗技术临床应用质量与医疗安全，切实维护群众权益。

第十六条　医疗机构应当建立本机构医疗技术临床应用管理制度，包括目录管理、手术分级、医师授权、质量控制、档案管理、动态评估等制度，保障医疗技术临床应用质量和安全。

【释义】

本条是要求医疗机构建立一系列医疗技术临床应用管理制度的规定。

作为医疗技术临床应用质量与安全控制的重要保障，医疗机构医疗技术临床应用管理制度应当保证其规范性、科学性和可操作性。目录管理、手术分级、医师授权、质量控制、档案管理、动态评估等制度的具体内容、工作机制及操作流程参照《办法》第十八条至第二十二条执行。

第十七条　医疗机构开展医疗技术临床应用应当具有符合要求的诊疗科目、专业技术人员、相应的设备、设施和质量控制体系，并遵守相关技术临床应用管理规范。

【释义】

本条是医疗机构开展医疗技术临床应用应具备条件的规定。

诊疗科目、专业技术人员、相应的设备、设施等条件是医疗机构开展医疗技术临床应用的基础，质量控制体系是保障医疗技术临床应用质量与安全的重要手段和措施，医疗机构应该遵守相关技术管理规范开展医疗技术临床应用工作。

第十八条　医疗机构应当制定本机构医疗技术临床应用管理目录并及时调整，对目录内的手术进行分级管理。

手术管理按照国家关于手术分级管理的有关规定执行。

【释义】

本条是医疗机构进行医疗技术临床应用目录管理、手术分级管理的规定。

医疗技术临床应用管理目录是指本医疗机构开展的所有医疗技术的目录清单，可分为“限制类技术”以及未纳入“禁止类技术”和“限制类技术”目录的医疗技术。“限制类技术”包含国家“限制类技术”和省增补“限制类技术”，国家“限制类技术”目录由国家卫生健康委制定发布或者委托专业组织制定发布，可参考《造血干细胞移植技术管理规范（2017 年版）等 15 个“限制临床应用”医疗技术管理规范和质量控制指标的通知》（国卫办医发〔2017〕7 号）；各省级卫生行政部门结合本行政区域实际情况，增补省级“限制类技术”。未纳入禁止类和限制类的其他技术由医疗机构根据功能、任务、技术能力自行决定开展医疗技术临床应用并制定管理目录。

手术分级管理目录是指将本机构已开展医疗技术临床应用管理目录中的手术进行分级管理。根据手术的风险和难易程度不同，手术分为四级。一级手术是指风险较低、过程简单、技术难度低的手术；二级手术是指有一定风险、过程复杂程度一般、有一定技术难度的手术；三级手术是指风险较高、过程较复杂、难度较大的手术；四级手术是指风险高、过程复杂、难度大的手术。

手术分级管理是医疗机构内部强化医疗技术临床应用管理的手段，梳理审定本机构手术分级管理目录，可将近几年开展的所有手术作为手术分级管理目录的基础数据库，各临床科室也可在此基础上增减，最终确定本机构的手术分级管理目录。国家不再制定发布全国统一的手术分级目录，各医疗机构可根据医疗机构内部管理实际，自行确定手术管理的相应级别，突出医疗机构管理的主体责任。部分省级卫生行政部门已经制定下发的手术分级目录，可作为各医疗机构确定手术级别的参考依据。

医疗机构的医疗技术临床应用管理组织应依据各级卫生行政部门对医疗技术管理要求，医疗技术自身发展规律，本医疗机构开展医疗技术所需配套设备设施、医务人员、医疗技术临床应用能力及水平变化等情况，对本机构医疗技术临床应用管理目录、手术分级管理目录适时调整。随着新的医疗技术不断开展，应及时将新的医疗技术调整到管理目录中；有些已不适宜开展或已经淘汰的医疗技术应调整出管理目录。另外，伴随着医疗技术能力的不断提高，有些手术在本机构临床开展的安全性、有效性更加确切，可适当降低其管理级别；有些手术出现并发症发生率上升等安全问题，可适当提高其管理级别。

第十九条　医疗机构应当依法准予医务人员实施与其专业能力相适应的医疗技术，并为医务人员建立医疗技术临床应用管理档案，纳入个人专业技术档案管理。

【释义】

本条是医疗机构建立医务人员医疗技术临床应用管理档案

的规定。

医疗技术临床应用管理档案是医务人员专业技术档案的重要组成部分，它体现了医务人员医疗技术临床应用水平，形成了动态信息资源。建议个人医疗技术临床应用管理档案涵盖个人门急诊、住院、手术工作量、手术授权情况、医疗技术及新技术开展情况、医疗质量情况、医疗技术差错事故、医疗技术培训及考核等方面的材料，作为医务人员医疗技术临床应用能力评估、技术（手术）授权调整管理的依据。

第二十条　医疗机构应当建立医师手术授权与动态管理制度，根据医师的专业能力和培训情况，授予或者取消相应的手术级别和具体手术权限。

【释义】

本条是关于医疗机构对医师进行手术授权与动态管理的规定。

医师手术授权与动态管理制度是指医疗机构在本机构手术分级管理目录基础上，对本机构医师具体手术项目权限进行授权，根据医疗技术临床应用评估结果，动态调整医师具体手术项目权限。

一、医师手术授权要求

根据手术难度、复杂性和风险度，将手术分为四级，各级手术包括多个手术项目，**医师手术授权不能仅停留在手术级别，应具体到手术项目**，由按照手术级别整体授权转变为按照手术项目授权，制定并明确手术授权条件，**不能将职称或资历作为授权的唯一依据**，而要结合医师专业培训及医疗技术临床应用评估结果，动态调整医师具体手术项目权限。

医师手术授权申请条件包括基本情况和手术能力等，基本条件包括：从事专业工作年限、专业技术职务任职资格、规范化培训合格等。手术能力评估可从医师开展的手术例数、手术质量与效果等方面进行，例如，根据《人工髋关节置换技术管理规范》，要求开展该项技术的医师需具备以下条件：取得《医师执业证书》，执业范围为外科专业、中医专业、中西医结合专业；有 8 年以上骨科临床工作经验，具有副主任医师以上专业技术职务任职资格；近 3 年每年作为术者完成髋关节相关手术不少于 30 例；经过卫生行政部门认定的人工髋关节置换技术培训基地系统培训并考核合格或具备免培训考核条件。

目前，医疗机构手术分级授权流程主要通过医师个人申请—科室审核—医疗机构审批的形式，强化院科两级负责制，突出科室对医师手术能力考核和医疗机构内准入管理的作用。

二、医师手术授权动态管理

医疗机构建立医师手术授权动态管理程序，明确并量化医师手术授权取消、再授权的条件，对手术医师手术质量和安全情况进行定期或动态评估，如评估手术医师手术工作量、病例选择、适应证掌握情况、临床应用效果、并发症、不良反应、死亡病例、手术后患者管理、随访情况、病历质量等情况，根据评估结果调整医师手术权限。

医师手术授权动态管理采取一票否决制，手术医师存在下列情形之一的：不能独立安全完成手术；医师手术能力评定不合格；违反手术分级管理制度；连续出现严重并发症或不良事件；因医师健康因素等客观原因无法继续完成手术者，则建议取消该医师相应手术权限。

第二十一条　医疗机构应当建立医疗技术临床应用论证制度。对已证明安全有效，但属本机构首次应用的医疗技术，应当组织开展本机构技术能力和安全保障能力论证，通过论证的方可开展医疗技术临床应用。

【释义】

本条是对医疗机构建立医疗技术临床应用论证制度的规定。

医疗机构采用医疗新技术分为两个层次。一是国内已有其他医疗机构开展临床应用的新技术，医疗机构应当组织开展技术评估和伦理审查，结合本机构功能、任务，重点评估本机构技术能力和安全保障能力，技术评估和伦理审查通过后方可开展；二是国内首次临床应用的新技术，医疗机构应当事先按照国家有关规定完成该技术的临床研究，并按照国家有关规定进行技术和医学伦理审查通过后方可开展临床应用。

第二十二条　医疗机构应当建立医疗技术临床应用评估制度，对限制类技术的质量安全和技术保证能力进行重点评估，并根据评估结果及时调整本机构医疗技术临床应用管理目录和有关管理要求。对存在严重质量安全问题或者不再符合有关技术管理要求的，要立即停止该项技术的临床应用。

医疗机构应当根据评估结果，及时调整本机构医师相关技术临床应用权限。

【释义】

本条是关于医疗机构以“限制类技术”为评估重点，建立医疗技术临床应用评估制度的规定。

医疗机构建立医疗技术临床应用评估制度，对“限制类技术”的质量安全和技术保证能力进行重点评估，组织本机构医学伦理委员会和医疗技术临床应用管理组织对已开展医疗技术临床应用情况进行定期或动态评估，并对评估指标进行量化。医疗机构应当从技术本身和应用环境对医疗技术进行评估，技术评估侧重于医疗技术临床应用质量控制，动态评估其应用的安全性、有效性、经济性、符合伦理性，例如，病例选择、技术开展数量、适应证掌握情况、临床应用效果、并发症、不良反应、死亡病例、医疗事故发生情况、治疗后患者管理、患者生存质量、随访情况和病历质量等。应用环境评估侧重于医疗技术开展相关因素的基本情况，包括与医疗技术临床应用相关的专业技术人员、相应的设备、设施，辅助条件等。

若评估结果存在严重质量安全问题或者不再符合有关技术管理要求的，要立即停止该项技术的临床应用，并及时调整本机构医师相关医疗技术临床应用权限。例如，从事该项医疗技术的主要专业技术人员或者关键设备、设施及其他辅助条件发生变化，不能满足相关技术临床应用管理规范要求，或者影响临床应用效果；该项医疗技术在本机构应用过程中出现重大医疗质量、医疗安全或者伦理问题；发生与技术相关的严重不良后果；发现该项医疗技术临床应用效果不确切，或者存在重大质量、安全或者伦理缺陷，应当立即停止该项医疗技术的临床应用。

评估未通过的医疗技术临床应用，医疗机构应及时在本机构医疗技术临床应用管理目录中进行剔除，并取消医师相应技术临床应用权限。评估通过的新技术，医疗机构应及时在本机构医疗技术临床应用管理目录中增加该技术，并根据医疗技术临床应用个人能力评估，授予医师相应技术临床应用权限。

第二十三条　医疗机构应当为医务人员参加医疗技术临床应用规范化培训创造条件，加强医疗技术临床应用管理人才队伍的建设和培养。

医疗机构应当加强首次在本医疗机构临床应用的医疗技术的规范化培训工作。

【释义】

本条是关于医疗机构在医疗技术临床应用规范化培训工作中应承担的义务的规定。

一、医疗机构为医务人员参加医疗技术临床应用规范化培训提供条件

规范化培训包括两个部分：一是参加国家制定的“限制类技术”、省级增补的“限制类技术”以及省级卫生行政部门认为其他需要重点加强培训的医疗技术的培训；二是参加由医疗机构根据功能、任务、技术能力自行决定开展临床应用的医疗技术的培训。

本条要求医疗机构应当为医务人员参加医疗技术临床应用规范化培训创造条件，就是指医疗机构应当为本机构参加规范化培训的人员安排合理的时间、充足的经费等。对由医疗机构自身组织的医疗技术规范化培训，要制定统一的培训标准和考核要求，确保培训质量和效果。

（一）“限制类技术”培训要求

承担“限制类技术”临床应用规范化培训工作的医疗机构必须达到国家和省级卫生行政部门规定的条件，并经省级卫生行政部门备案。拟开展国家“限制类技术”、省级增补的“限制类技术”以及省级卫生行政部门认为其他需要重点加强培训的医疗技术的医师，应符合相关医疗技术临床应用管理规范的基本要求。

（二）其他医疗技术培训要求

《办法》第三十四条规定，医疗机构负责除省级卫生行政部门组织培训的医疗技术之外的其他医疗技术规范化培训工作。建议各医疗机构结合自身实际，参照培训基地建设和培训要求，建立健全规章制度及流程，制定培训大纲、培训计划及考核标准，加强对本机构医疗技术临床应用质量管理与控制。

二、首次在本机构临床应用的医疗技术医师规范化培训要求

《办法》第二十一条指出，对于首次在本医疗机构临床应用的医疗技术应组织论证，重点论证本机构开展此项技术的能力和水平。医师是医疗机构医疗技术能力的主要承担者，必须参加规范化培训后方可开展。经过规范化的理论及实践操作培训可以提升医疗技术临床应用的能力，确保本机构医疗技术临床应用的安全。

三、加强医疗技术临床应用管理人才队伍建设和培养

医疗机构除承担本机构医疗技术临床应用的主体责任外，还要对本机构医疗技术的管理承担主体责任。这就要求医疗机构要建立和培养本机构医疗技术临床应用管理的队伍，要加强对本机构医疗技术管理专门组织或工作小组中的成员和医疗技术临床应用相关医务人员医疗技术临床应用管理相关法律法规、规范性文件、技术管理规范等政策文件的培训；加强对管理学理论及方法的培训，提高管理水平和技能，使其能够承担本医

疗机构医疗技术的管理工作。

第二十四条 医疗机构开展的限制类技术目录、手术分级管理目录和限制类技术临床应用情况应当纳入本机构院务公开范围，主动向社会公开，接受社会监督。

【释义】

本条是关于医疗机构对医疗技术临床应用情况进行社会公开的规定。

一、院务公开的要求

2006 年，原卫生部下发《关于全面推行医院院务公开的指导意见》（卫医发〔2006〕424 号），明确院务公开是医疗机构管理的一项基本制度，要通过院务公开提高医疗机构工作透明度，加强社会公众监督和医疗机构职工民主监督，促进医疗机构提高医疗服务质量和服务水平，推动医疗机构持续健康发展，为人民群众提供更好的医疗服务。要本着便利、快捷、有效的原则，采取多种形式实行医疗机构院务公开。医疗机构可根据自身条件，选择采取设立公开专栏、宣传橱窗、电子大屏幕公告栏；编印、发放各类资料；通过院内局域网、自有非商业性网站或政府官方网站公开；设立电子触摸查询装置、查询电话；

建立院领导接待日制度、设立院务公开投诉信箱等多种形式对外公开。

二、信息公开的范围及形式

本条将医疗机构医疗技术临床应用情况纳入医疗机构院务公开的范围，也就是说医疗机构医疗技术临床应用情况要以院务公开的形式主动向社会公开。根据医院院务公开的总体要求，医疗机构可以根据自身条件，采取多种形式的院务公开，自主选择通过院务公开张贴栏、微信公众号、医院官网等对外公开形式，主动向社会公开，接受社会公众监督。

三、信息公开的内容

本条还明确了医疗技术临床应用纳入院务公开中的内容，包括医疗机构开展的“限制类技术”目录、手术分级管理目录和“限制类技术”临床应用情况三部分。

医疗机构开展的“限制类技术”目录，是指在国家卫生健康委制定的“限制类技术”目录和省级卫生行政部门增补的“限制类技术”目录中，在本医疗机构临床应用的“限制类技术”目录。

手术分级管理目录是医疗机构按照有关规定建立的手术分级管理目录。

限制类医疗技术临床应用情况，建议包括限制类医疗技术在本医疗机构开展的技术名称、技术负责人、已经开展的病例数、质量安全情况等。

第二十五条　医疗机构在医疗技术临床应用过程中出现下列情形之一的，应当立即停止该项医疗技术的临床应用：

（一）该项医疗技术被国家卫生健康委列为“禁止类技术”；

（二）从事该项医疗技术的主要专业技术人员或者关键设备、设施及其他辅助条件发生变化，不能满足相关技术临床应用管理规范要求，或者影响临床应用效果；

（三）该项医疗技术在本机构应用过程中出现重大医疗质量、医疗安全或者伦理问题；或者发生与技术相关的严重不良后果；

（四）发现该项医疗技术临床应用效果不确切，或者存在重大质量、安全或者伦理缺陷。

医疗机构出现第一款第二项、第三项情形，属于限制类技术的，应当立即将有关情况向核发其《医疗机构执业许可证》的卫生行政部门报告。卫生行政部门应当及时取消该医疗机构相应医疗技术临床应用备案，在该机构《医疗机构执业许可证》副本备注栏予以注明，并逐级向省级卫生行政部门报告。

医疗机构出现第一款第四项情形的，应当立即将有关情况向核发其《医疗机构执业许可证》的卫生行政部门和省级卫生行政部门报告。省级卫生行政部门应当立即组织对该项医疗技术临床应用情况进行核查，确属医疗技术本身存在问题的，可以暂停该项医疗技术在本地区的临床应用，并向国家卫生健康委报告。国家卫生健康委收到报告后，组织专家进行评估，决定需要采取的进一步的管理措施。

【释义】

本条明确了医疗机构停止某项医疗技术临床应用的情形，以及发生以上任一情形时医疗机构、各级卫生行政部门的职责。

一、医疗机构停止某项医疗技术临床应用的四种情形

（一）该项医疗技术被国家卫生健康委列为“禁止类技术”

此情形比较明确，根据《办法》第九条规定，医疗机构应该自国家卫生健康委将其列入“禁止类技术”目录内之日起，立即停止临床应用。

（二）从事该项医疗技术的主要专业技术人员或者关键设备、设施及其他辅助条件发生变化，不能满足相关技术临床应用管理规范要求，或者影响临床应用效果

此情形实际上包括以下两种情况。

1. 从事该项医疗技术的主要专业技术人员发生变化，不能满足相关技术临床应用管理规范要求。相关医疗技术临床应用管理规范明确了开展某项医疗技术对人员的基本要求，包括资质、专业、职称、工作经验、规范化培训经历等方面。医疗技术临床应用管理规范中提出的要求均为医疗机构及其医务人员开展该医疗技术临床应用的最低要求。若医疗机构因为原先从事某项医疗技术的主要专业技术人员离职、退休等情况发生变化，不能满足医疗技术临床应用规范要求或者影响到临床应用效果时，医疗机构应当立即停止该项医疗技术的临床应用。

2. 关键设备、设施及其他辅助条件发生变化，变化后不能满足相关技术临床应用管理规范要求。相关医疗技术临床应用管理规范对医疗技术临床应用的关键设备、设施及其他辅助条件提出了基本要求。当医疗机构开展某项医疗技术的关键设备、设施及其他辅助条件发生变化，不能满足医疗技术临床应用管理规范要求时，医疗机构应当立即停止该项医疗技术的临床应用。

（三）该项医疗技术在本机构应用过程中出现重大医疗质量、医疗安全或者伦理问题，或者发生与技术相关的严重不良后果

此情形实质上包括了以下三种情况。

1. 该项医疗技术在本机构应用过程中出现重大医疗质量、医疗安全问题。医疗机构在临床应用某项医疗技术时，出现非技术本身原因导致的重大医疗质量、医疗安全问题时，应当立

即停止该项医疗技术的临床应用。

2. 该项医疗技术在本机构应用过程中出现伦理问题。这里强调的是医疗技术在应用过程中由于没有把握好伦理原则，伦理风险没有得到有效控制，导致医疗技术临床应用出现伦理问题。

3. 该项医疗技术在本机构应用过程中发生与技术相关的严重不良后果的。在这种情形中，造成严重不良后果的原因，不是与该项医疗技术本身相关的，而是由于医疗机构的人员、设备、设施、管理等原因造成的。一旦发生与技术相关的严重不良后果的，则应当立即停止该项医疗技术的临床应用。

（四）发现该项医疗技术临床应用效果不确切，或者存在重大质量、安全或者伦理缺陷

此种情形包括以下两种情况。

1. 医疗机构发现该项医疗技术临床应用效果、安全性、有效性不确切，一旦出现这种情形，医疗机构应当立即停止该项医疗技术的临床应用。

2. 医疗机构发现该项医疗技术存在重大质量、安全或伦理缺陷。这种情形指的是医疗机构发现该项医疗技术在质量、安全或伦理方面存在欠缺或不够完备的地方。这种欠缺或不够完备是指医疗技术本身。医疗技术在临床论证其安全性、有效性和伦理审查过程中，可能存在质量、安全或者伦理方面的缺陷未被发现，而被应用于临床。医疗机构在开展临床应用过程中，一旦发现该项医疗技术本身存在质量、安全或者伦理方面的缺陷，应当立即停止该项医疗技术的临床应用。

二、发生上述情形时，医疗机构、各级卫生行政部门的职责

当出现本条第（二）项、第（三）项情形时，就意味着拟开展“限制类技术”临床应用的医疗机构原先向核发其《医疗机构执业许可证》的卫生行政部门提交的备案材料情况发生了变化。医疗机构除了立即停止该医疗技术在本医疗机构的临床应用之外，还应当立即将医疗技术临床应用过程中出现的有关情况向核发本机构《医疗机构执业许可证》的卫生行政部门报告。核发其《医疗机构执业许可证》的卫生行政部门应当及时取消该医疗机构相应医疗技术临床应用备案，并在该机构《医疗机构执业许可证》副本备注栏予以注明。按照《办法》第十一条要求，备案需要逐级上报至省级卫生行政部门，取消备案也需要逐级向省级卫生行政部门报告。

当出现本条第（四）项情形时，容易引发重大质量安全事件，威胁患者安全的情况下，医疗机构应当立即将有关情况同时向核发其《医疗机构执业许可证》的卫生行政部门和省级卫生行政部门报告。这里为了节省逐级汇报时间，规定医疗机构必须第一时间同时报告省级卫生行政部门，便于省级卫生行政部门尽早开展核查。省级卫生行政部门在接到医疗机构汇报后应立即组织对该项技术临床应用情况进行核查，确属医疗技术本身存在问题的，根据医疗技术临床应用管理职责，可暂停该项技术在本地区的临床应用，并向国家卫生健康委报告，待国家卫生健康委评估结束后采取相应管理措施。国家卫生健康委

收到报告后，组织专家对省级卫生行政部门核查情况及该技术临床应用情况进行评估，根据评估结果，决定需要采取的进一步的管理措施。

（田魁、于洪涛、李倩倩、王光锋、边文超、谭思）

第四章　培训与考核

本章共九条，包括国家卫生行政部门负责建立医疗技术临床应用规范化培训与考核制度、负责统一组织制订国家“限制类技术”的培训标准和考核要求、明确培训基地条件、对“限制类技术”临床应用规范化培训基地实行备案管理。省级卫生行政部门负责省级增补的“限制类技术”及其他重点培训技术的培训标准和考核要求，负责对培训基地加强评估和监管；对培训基地管理和参加培训医师的培训和考核提出统一要求，并向社会公布。培训基地要建立参培医师培训档案，确保培训质量和效果；培训标准和考核要求、培训基地、培训方案等向社会公布。拟开展上述医疗技术临床应用的医师应当按照相关医疗技术临床应用管理规范要求，在培训基地接受规范化培训并考核合格。医疗机构负责本单位省级卫生部门组织培训以外的医疗技术培训等内容。

第二十六条　国家建立医疗技术临床应用规范化培训制度。拟开展限制类技术的医师应当按照相关技术临床应用管理规范要求接受规范化培训。

国家卫生健康委统一组织制定国家限制类技术的培训标准和考核要求，并向社会公布。

【释义】

本条是对医疗技术临床应用规范化培训制度的规定。

一、医疗技术临床应用规范化培训制度

国家建立医疗技术临床应用规范化培训制度。按照《办法》要求，对省级以上卫生行政部门需要重点加强管理的医疗技术，包括国家“限制类技术”、省级增补的“限制类技术”及省级卫生行政部门认为其他需要重点培训的技术，都要加强医疗技术临床应用的规范化培训工作。

目前，原国家卫生计生委印发了《造血干细胞移植技术管理规范（2017 年版）等 15 个“限制临床应用”的医疗技术管理规范和质量控制指标的通知》（国卫办医发〔2017〕7 号）。国家卫生健康委陆续发布的医疗技术临床应用管理规范要求拟开展“限制类技术”等相关技术的医师应当按照技术管理规范接受规范化培训。如《同种异体角膜移植技术管理规范（2017 年版）》中，明确开展同种异体角膜移植技术的医师应当“接受至少 3 个月的系统培训，完成 20 学时以上的理论学习，独立完成动物眼板层角膜移植、穿透角膜移植、全角膜移植各 10 例以上”。

二、对拟开展“限制类技术”医师的规范化培训

本条对参加相关“限制类技术”培训医师的资质、培训时限、专业培训经历、境外培训等提出了具体要求；对免于参加相关“限制类技术”培训医师的专业技术职务任职资格、连续开展相关诊疗临床工作年限等也有具体要求。

（一）参培医师的资质要求

1. 执业范围为“限制类技术”相关临床科室。如参加造血干细胞移植技术培训的医师，要具有《医师执业证书》，执业范围为内科或儿科专业的本医疗机构在职医师；参加人工髋关节置换技术培训的医师，要具有《医师执业证书》，执业范围为外科专业、中医专业或中西医结合专业等。

2. 参加培训的“限制类技术”不同，医师的专业技术职务任职资格要求不同。部分“限制类技术”要求取得主治医师及以上专业技术职务任职资格，部分“限制类技术”要求取得副主任医师及以上专业技术职务任职资格等。如参加造血干细胞移植技术培训的医师，要具有主治医师及以上专业技术职务任职资格。

（二）参培医师的培训时限

参加“限制类技术”培训的时限，应该根据各“限制类技术”临床应用管理规范和质量控制标准的要求，明确相关“限制类技术”培训要求的系统培训时间。如拟开展造血干细胞移植技术的医师培训周期为不少于6个月。

（三）参培医师的专业培训内容及要点

按参加相关“限制类技术”培训要求，培训内容分理论学习和临床实践。理论学习内容可包括相关技术法律法规、部门规章及规范要求、伦理道德教育、专业理论知识；临床实践培训可在培训导师指导下，参加相关技术一定例数的患者诊疗工作，参与一定例数的相关手术或诊疗患者的全过程管理，包括病历书写、术前检查、手术适应证的评估、手术方式的评估、可能发生的风险及应对措施、手术过程、术后处理及手术后随访等。如拟开展造血干细胞移植技术的医师，要在指导医师指导下，参与同种异基因造血干细胞移植诊疗工作 2 例，参与 5 例以上同种异基因造血干细胞移植患者的全过程管理。

（四）境外培训经历及免于培训条件

1. 境外培训经历。在境外接受一定时间的相关“限制类技术”培训，有境外培训机构的培训证明，并经省级培训基地考核合格后，可以视为达到规定的培训要求。如拟开展肿瘤消融治疗技术的医师，在境外接受肿瘤消融治疗技术培训 6 个月以上，有境外培训机构的培训证明，并经省级培训基地考核合格后，可以视为达到规定的培训要求。

2. 免于培训的医师条件。在“限制类技术”管理规范印发之日前，从事相关技术临床工作满足要求的年限，具备规定的专业技术职务任职资格，近几年独立开展相关“限制类技术”例数达到一定数量，可免于培训。如《放射性粒子植入治疗技术管理规范（2017 年版）》规定，从事临床工作满 10 年，具有副主任医师专业技术职务任职资格，近 5 年独立开展放射性粒子植入治疗技术临床应用不少于 100 例，未发生严重不良事件的，可免于培训。

三、制订统一的培训标准和考核要求

医疗技术临床应用培训与考核是指拟开展“限制类技术”的医师，应按照相关技术临床应用规范化培训及考核的要求，参加培训与考核。国家“限制类技术”由国家卫生健康委制订统一的培训标准和考核要求。

第二十七条　省级增补的限制类技术以及省级卫生行政部门认为其他需要重点加强培训的医疗技术，由省级卫生行政部门统一组织制订培训标准，对培训基地管理和参加培训医师（以下简称参培医师）的培训和考核提出统一要求，并向社会公布。

【释义】

本条是对省级增补的“限制类技术”以及省级卫生行政部门认为其他需要重点加强培训的医疗技术培训工作的规定。

一、培训的标准

省级卫生行政部门统一制定的省级“限制类技术”相关的培训标准。培训基地按照培训标准和要求制订本基地的培训方案和计划，并满足下列要求。

培训大纲和教材要满足培训要求，课程设置可包括相关技术法律法规、部门规章及规范要求、伦理道德教育、理论知识、

动物训练及临床实践技能等。如《肿瘤消融治疗技术管理规范（2017 年版）》，明确培训大纲和教材要满足培训要求，课程设置包括理论学习、临床实践。

要保证接受培训的学员在考核前完成规定的培训内容，完成全部课程、参加相关技术诊疗工作或手术培训的例数，参与相关技术全过程管理的患者例数符合技术管理规范的要求等。如《放射性粒子植入治疗技术管理规范（2017 年版）》，明确参培医师在培训导师指导下，参与放射性粒子植入术 30 例以上，并参与 30 例以上放射性粒子植入患者的全过程管理，包括术前诊断、术前计划、植入技术、术后验证、围术期管理、随访等。

要为参培医师建立培训档案。为确保培训质量和效果，培训基地应为每位参培医师建立培训档案，至少包括医师基本信息（姓名、单位、职称、科室、工作年限、参培技术名称等）、培训的起止时间、参加相关技术诊疗工作或手术培训的例数，参与相关技术全过程管理的患者例数等。

要按照培训要求，对完成培训的参培医师进行考核。

二、培训基地的管理

省级卫生行政部门负责“限制类技术”培训基地的管理工作。包括督促培训基地建立健全规章制度及流程，明确岗位职责和管理要求，加强对培训导师的管理，建立参培医师培训档案，开展培训基地的考核和评估工作，确保培训质量和效果。

三、参培医师的培训和考核

省级卫生行政部门应当在相关的省级“限制类技术”临床应

用管理规范中对省级“限制类技术”参培医师的资质、培训时限及免于参加省级“限制类技术”培训的医师的专业技术职务任职资格、专业经历、医疗质量与安全情况等提出具体要求。

参培医师在规定时间内完成规定的培训。不同的限制类技术，培训时间不同。在规定时间内未按要求完成培训的参培医师，培训时间可顺延。

参培医师完成培训后应当接受考核。考核可由培训基地或省级卫生行政部门委托的第三方组织实施，具体由各省级卫生行政部门确定。

参培医师考核包括过程考核和结业考核。

过程考核是结业考核的必备条件，是培训基地对参培医师培训过程的动态综合评价。

结业考核包括理论考核和临床实践能力考核。理论考核一般采取闭卷考核，临床实践能力考核应当按相关“限制类技术”规定一定数量的培训导师共同进行现场审核评分。

第二十八条　对限制类技术临床应用规范化培训基地实施备案管理。医疗机构拟承担限制类技术临床应用规范化培训工作的，应当达到国家和省级卫生行政部门规定的条件，制定培训方案并向社会公开。

【释义】

本条是对“限制类技术”临床应用规范化培训基地实施备案管理的规定。

医疗机构拟承担“限制类技术”临床应用规范化培训工作的，应当达到国家和省级卫生行政部门规定的相关条件，制订培训方案和计划，并向相关卫生行政部门备案，通过网站或文件等方式向社会公开。

一、培训基地的要求

医疗机构向省级卫生行政部门备案“限制类技术”临床应用规范化培训基地的，应当符合相关技术管理规范中培训基地的条件、培训工作的基本要求等。

国家和省级卫生行政部门在技术临床应用管理规范中对培训基地的条件提出明确规定，包括医院级别、科室、床位数、每年完成相关治疗病例数、指导医师数量与职称要求、相关诊疗培训工作相适应的人员、技术、设备和设施等。

医院级别符合相关“限制类技术”管理规范要求。如《放射性粒子植入治疗技术管理规范（2017 年版）》中，培训基地医院级别为三级甲等医院，符合放射性粒子植入治疗技术管理规范要求。

“限制类技术”相关诊疗科目和科室设置符合技术规范要求，如《同种异体角膜移植技术管理规范（2017 年版）》，要求医疗机构设立眼科、手术室、重症医学科。

部分“限制类技术”相关科室床位数不得少于相关技术规范要求的规定，如《肿瘤消融治疗技术管理规范（2017 年版）》，明确消融相关科室治疗床位数不少于 50 张。

有较强开展“限制类技术”临床应用能力。每年或连续几年完成相关“限制类技术”的数量，符合技术规范要求。

有具备开展相关“限制类技术”培训的指导团队。建议培训基地有主任医师专业技术职务任职资格的学科带头人以及相关团队，包括具备相关“限制类技术”临床应用能力的本医疗机构注册医师及相关学科的辅助人员。配备一定数量的培训导师，其中需有规定数量的主任医师。配备如呼吸内镜、麻醉、护理、医学影像、检验、病理等专业技术人员，具备较高服务能力和水平。

具备进行规模人员培训的软硬件条件。有些“限制类技术”的开展还需具备进行动物训练的条件，如《同种异体角膜移植技术管理规范（2017 年版）》中，课程设置包括理论学习、动物训练及临床实践。

部分“限制类技术”要求举办过相关技术全国性专业学术会议或承担过国家级继续医学教育项目。如《造血干细胞移植技术管理规范（2017 年版）》中，要求培训基地近 3 年举办过全国性的与造血干细胞移植技术相关的专业学术会议或者承担过造血干细胞移植技术国家级继续医学教育项目。

二、培训方案的制订和公布

承担“限制类技术”临床应用规范化培训工作的医疗机构，将制订的培训方案通过网站或文件等方式向社会公开发布。

医疗机构应当按照国家和省级卫生行政部门统一的培训标准和要求，制订培训方案和计划，设置课程。可包括理论学习、动物训练及临床实践等。《放射性粒子植入治疗技术管理规范（2017 年版）》中，课程设置包括理论学习、临床实践；而《同种异体角膜移植技术管理规范（2017 年版）》中，课程设置包括理论学习、动物训练及临床实践。

培训方案应按照技术管理规范的要求，规定参培医师必要的培训时间、培训内容（包括理论学习和实践操作）、患者过程管理等要求，如《放射性粒子植入治疗技术管理规范（2017 年版）》中，参培医师系统培训时间为至少 3 个月，要在指导医师指导下，参与放射性粒子植入术 30 例以上，并参与 30 例以上放射性粒子植入患者的全过程管理，包括术前诊断、术前计划、植入技术、术后验证、围术期管理、随访等。

第二十九条　医疗机构拟承担限制类技术临床应用规范化培训工作的，应当于首次发布招生公告之日起 3 个工作日内，向省级卫生行政部门备案。备案材料应当包括：

（一）开展相关限制类技术临床应用的备案证明材料；

（二）开展相关限制类技术培训工作所具备的软、硬件条件的自我评估材料；

（三）近3年开展相关限制类技术临床应用的医疗质量和医疗安全情况；

（四）培训方案、培训师资、课程设置、考核方案等材料。

【释义】

本条是对医疗机构拟承担“限制类技术”临床应用规范化培训工作的规定。

医疗机构承担“限制类技术”临床应用规范化培训工作的，应当于首次发布招生公告之日起3个工作日内，向省级卫生行政部门提交相关材料，进行备案。

一、开展“限制类技术”临床应用的备案证明材料

医疗机构提交开展“限制类技术”临床应用的备案证明材料，即《医疗机构执业许可证》副本栏复印件或电子证照备注相关栏目。

二、应具备软、硬件条件的自我评估材料

（一）依据“限制类技术”管理规范要求，开展相关技术培训工作相适应的场地、设备和设施的硬件条件的自我评估材料

1. 具备相应病区。设置相对独立的病区，核定床位数。病区设备配置齐全，每床单元设置符合要求。病区建立健全并认真落实各项规章制度、人员岗位职责、医疗护理技术操作规程和相关技术管理规范等。

2. 具备开展相应技术全流程教学相适应的人员、设备和设施等条件。

培训基地具有的人员和资质应符合技术管理规范的要求。如《肿瘤深部热疗和全身热疗技术管理规范（2017 年版）》中，明确规定培训基地有 3 名以上具备较高肿瘤热疗技术临床应用能力的指导医师。指导医师应当具有 10 年以上肿瘤热疗临床诊疗工作经验，取得副主任医师及以上专业技术职务任职资格；其中，至少有 1 名指导教师应当具有 15 年以上肿瘤热疗临床诊疗工作经验，取得主任医师专业技术职务任职资格。

场地：业务工作区域布局符合工作流程和技术管理规范要求，具备重症监护的仪器和设备，必要的培训教学场地。

设备与设施：按相应技术管理规范要求，开展技术所需配备的设备与设施，如呼吸机、心电监护仪等重症监护必须设备；便携式脑电图、便携式床旁彩超等检查设备；信息化设备，包括信息报送和传输功能的计算机等设备；相应培训教学设施等。

（二）依据“限制类技术”管理规范要求，开展相关技术培训工作相适应的软件条件的自我评估材料

1. 近 3 年医院开展相关技术的例数。如《造血干细胞移植技术管理规范（2017 年版）》中，要求培训基地近 3 年累计完成同种异基因造血干细胞移植术不少于 150 例，每年完成各类同种异基因造血干细胞移植术不少于 50 例。

2. 符合技术管理规范要求的足够数量的指导医师。如《放射性粒子植入治疗技术管理规范（2017 年版）》中，要求培训基地有不少于 4 名具有放射性粒子植入治疗技术临床应用能力的指导医师，其中至少 2 名具有主任医师以上专业技术职务任职资格。

三、“限制类技术”的医疗质量和医疗安全情况

医疗机构和医师要定期接受“限制类技术”临床应用能力评估，以保障医疗质量和医疗安全。如《放射性粒子植入治疗技术管理规范（2017 年版）》中，明确医疗机构和医师要定期接受放射性粒子植入治疗技术临床应用能力评估，包括病例选择、治疗有效率、严重并发症、药物不良反应、医疗事故发生情况、术后患者管理、患者生存质量、随访情况和病历质量等。

四、培训相关材料

（一）培训方案

培训基地按照统一标准和要求制定的培训大纲和教材制订培训方案和计划，内容可以包括相关法律法规及规范要求、理

论知识、动物训练、临床实践技能培训等；培训时限要符合相关技术管理规范要求。

（二）课程设置

根据具体“限制类技术”，可在课程设置中包括理论学习、动物训练、临床实践等。

（三）考核方案

考核方案应包括过程考核和结业考核的要求。过程考核是结业考核的必备条件，结业考核包括理论考核和临床实践能力考核。

第三十条　省级卫生行政部门应当及时向社会公布经备案拟承担限制性技术临床应用规范化培训工作的医疗机构名单。

省级卫生行政部门应当加强对限制类技术临床应用规范化培训基地的考核和评估，对不符合培训基地条件或者未按照要求开展培训、考核的，应当责令其停止培训工作，并向社会公布。

【释义】

本条是省级卫生行政部门对承担“限制性技术”临床应用规范化培训基地考核和评估的规定。

一、公布培训基地名单

省级卫生行政部门负责汇总本省经备案承担“限制类技术”临床应用规范化培训工作的医疗机构信息，建议包括医疗机构名称、类别、级别、地址、技术名称、发证机关、联系电话等，并及时通过网站或文件向社会公布。承担培训基地的医疗机构上述信息发生变化的或者因条件变化不再适合承担培训基地，及时向省级卫生行政部门提出备案变更。

因条件变化不再适合承担培训基地的情况，主要包括：

不再符合相关“限制类技术”培训基地的基本要求；

违反了相关“限制类技术”的法律法规、部门规章等；

不能按照相关要求有效开展培训工作等。

二、培训基地的考核和评估

省级卫生行政部门对培训基地进行检查和评估，内容主要包括：

培训基地前期提交的备案材料是否符合规定；

培训开展情况是否符合要求；

是否存在违反相关“限制类技术”的法律法规及国家有关规定的情况等。

省级卫生行政部门可将检查评估结果作为培训基地是否可以开展培训的重要依据。国家及省级卫生行政部门可对培训工作管理规范、培训质量优良、有创新特色的培训基地和培训技术给予表彰和奖励。

培训基地若出现下列情形的，省级卫生行政部门可予以通报批评、责令整改、限制招生直至停止培训工作等处理：在备案培训基地或开展培训过程中弄虚作假；未按规定安排参培医师参加培训；未按要求实施培训过程考核；无故终止参培医师培训；管理混乱，经卫生行政部门责令限期整改，未能在限期内整改完毕的；未通过省级卫生行政部门组织的检查评估的。被停止培训工作的培训基地，在培的医师由该培训基地负责协调至其他培训基地继续培训。

第三十一条　培训基地应当建立健全规章制度及流程，明确岗位职责和管理要求，加强对培训导师的管理。严格按照统一的培训大纲和教材制定培训方案与计划，建立医师培训档案，确保培训质量和效果。

【释义】

本条是对培训基地开展培训工作的要求和规定。

一、培训基地组织领导、岗位职责和管理要求

培训基地应当加强对相关技术培训的管理，建议实行院长负责制。成立由院长担任组长，技术相关负责人和相关部门负责人任成员的技术培训管理小组，建立健全技术培训的规章制度及流程，具体负责技术培训的管理与实施，定期向省级卫生行政部门报告技术培训情况等。

二、培训基地可进行动态管理

培训基地可进行动态管理，根据具体情况设定周期。在周期结束前，对培训基地工作情况进行整体评价，确定能否继续承担培训基地工作。

三、培训导师条件、职责及管理

《办法》所称培训导师是指培训基地中相关科室内负责对参培医师进行思想和业务指导的在职医师。

（一）各培训基地要按照《规范》明确培训导师条件

1. 具有副主任医师以上专业技术职务任职资格。

2. 连续从事相应技术临床工作的年限、近 3 年累计开展相应技术的例数等，符合技术管理规范要求。

3. 具有良好的职业道德，治学态度严谨，能以身作则、为人师表，热心于为国家培养医学人才，具有较强的教学意识和带教能力。

4. 熟悉培训规定，能够认真履行各项工作职责。

（二）培训导师按照培训基地的培训方案和计划，组织完成培训工作，履行以下职责

1. 督促参培医师遵守法律法规、部门规章、诊疗常规的规定，严格执行基地的规章制度。

2. 将医德医风和人文素质的培养贯穿培训过程始终。

3. 指导参培医师开展诊疗活动，定期检查其培训指标完成情况，加强临床技能的培训等。

4. 组织参培医师参加医疗、教学和学术活动。

5. 参与参培医师考核和评价等。

6. 在临床带教过程中，发现问题及时上报培训基地。

（三）培训基地应当定期对培训导师的带教工作进行综合评价

可将评价结果作为奖惩的依据；根据带教任务的完成情况，可给予带教补贴；对带教过程中表现突出的，可在评优、评奖、职称晋升等方面给予优先考虑；对不能完成带教工作或违反相关规定受到行政处罚的，可视情节轻重予以批评教育、全院通报、取消培训导师资格等处理。

培训导师聘期内有以下情形之一的，建议取消培训导师资格：培训导师聘期内发生二级以上医疗事故（负完全责任或主要责任）的；未能履行培训导师职责的；受刑事处罚的；受暂停医师执业活动或吊销《医师执业证书》行政处罚的；其他违法违规的情况等。

四、制订培训方案与计划

按照国家或省级卫生行政部门统一的培训标准和要求，制订培训方案与计划，培训教材和培训大纲要满足培训要求。

五、建立培训档案

培训基地应为每位参培医师建立培训档案，确保培训质量和效果。参培医师培训档案内容可以包括医师基本信息、培训的起止时间、参加相关技术诊疗工作或手术培训的例数、参与技术应用的质量安全情况、参与相关技术全过程管理的患者例数、考核结果等。

第三十二条 申请参加培训的医师应当符合相关医疗技术临床应用管理规范要求。培训基地应当按照公开公平、择优录取、双向选择的原则决定是否接收参培医师。

【释义】

本条是对申请参加培训医师（以下简称参培医师）的要求以及培训基地接受参培医师的原则规定。

申请参加相关“限制类技术”培训的医师，其资质、执业范围、工作年限、技术能力等要符合相关医疗技术临床应用管理规范的要求。

参培医师可以向任何一家培训基地提出报名申请，提交申请材料，包括医师姓名、单位、职称、科室、工作年限、参培技术名称、申请培训的起止时间等。培训基地应当对申请材料进行审核，根据培训方案和计划按照公开公平、择优录取、双向选择的原则决定是否接受参培医师。培训基地应当于培训工作开始前，通过网站或文件向行业内公布培训计划、培训名额、报名方式等有关信息，并向省级卫生行政部门备案。

第三十三条　参培医师完成培训后应当接受考核。考核包括过程考核和结业考核。

考核应当由所在培训基地或者省级卫生行政部门委托的第三方组织实施。

【释义】

本条是对参培医师完成培训后接受考核的相关规定。

一、参培医师的考核

参培医师完成培训方案中要求的培训内容、达到规定的培训时间后，应当接受考核。参培医师考核包括过程考核和结业考核。

过程考核是结业考核的必备条件，是培训基地对参培医师培训过程的动态综合评价，建议内容包括医德医风、出勤情况、理论学习、动物训练、日常临床实践、培训指标完成情况和参加业务学习情况等。

结业考核包括理论考核和临床实践能力考核。理论考核一般采取闭卷考核；临床实践能力考核应当由 3 位以上培训导师共同进行现场审核评分，其中至少 1 人为其他培训基地培训导师；参培医师的培训导师须回避。

参培医师考核结束后，负责考核的部门要出具考核结论。

二、实施考核的部门

培训基地或省级卫生行政部门委托的第三方组织。第三方组织可以为省级以上的行业组织和学术团体，具体由各省级卫生行政部门确定。

第三十四条　对国家和省级卫生行政部门作出统一培训要求以外的医疗技术，医疗机构应当自行进行规范化培训。

【释义】

本条是要求医疗机构负责对本单位开展的其他医疗技术进行规范化培训的规定。

除国家“限制类技术”、省级增补的“限制类技术”及其他需要重点加强培训的医疗技术外，医疗机构开展其他常规的医疗技术，要按照医疗机构对本机构医疗技术临床应用和管理承担主体责任的要求开展技术培训工作。

（王同国、郭乡平）

第五章　监督管理

本章共六条，是关于医疗机构开展医疗技术临床应用监督管理的规定。主要包括：卫生行政部门对医疗机构医疗技术应用情况实施监督管理的规定；医疗技术临床应用信息化管理的规定；医疗技术临床应用信息化管理平台的数据报送和应用的规定；建立医疗技术临床应用评估制度的规定；建立医疗技术临床应用情况信誉评分制度的规定；“限制类技术”临床应用备案信息公布的规定。

第三十五条　县级以上地方卫生行政部门应当加强对本行政区域内医疗机构医疗技术临床应用的监督管理。

【释义】

本条是县级以上卫生行政部门对医疗机构医疗技术应用情况实施监督管理的规定。

一、监督管理的主体

县级以上地方卫生行政部门是区域内医疗机构医疗技术临

床应用监督管理的主体，对本行政区域内医疗机构医疗技术临床应用负有监督管理的责任。

二、监督管理的对象

按属地化管理原则，本行政区域内所有开展医疗技术临床应用的医疗机构和医务人员均属于本级卫生行政部门监督管理对象。

三、监督管理的内容

医疗技术临床应用监督管理的内容包括“禁止类技术”“限制类技术”及其他医疗技术的临床应用情况。重点是“负面清单”管理、备案和公开、质量管理与控制、规范化培训与考核等制度落实情况的监督管理。对医疗机构监督管理的重点包括：开展医疗技术临床应用相关诊疗科目、管理组织、管理制度、质量管理与控制、备案管理、伦理学审查、信息报送、院务公开、培训与考核、信誉评估等情况。

对医务人员监督管理的重点包括：依法依规执业、履行知情同意程序、保护患者隐私、培训与考核、信誉评估等情况。

四、监督管理的措施

县级以上卫生行政部门对医疗机构医疗技术临床应用进行监督检查时，可以通过下列措施组织实施。

听取医疗机构医疗技术临床应用的情况介绍。

查阅、复制医疗机构医疗技术临床应用相关医务人员执业许可证、有关工作制度、诊疗记录及其他书面文书等。

运用专业技术手段进行现场检查、检测等。

运用医疗技术临床应用信息化管理平台，加强医疗机构医疗技术临床应用日常监管。

通过信息公开，引入社会监督机制。

县级以上卫生行政部门要充分发挥行业组织和学术团体的作用，对医疗技术临床应用加强监督管理。通过组织开展自查、定期质控等形式，动态监管，科学指导，及时反馈。利用信息化手段，建立医疗机构之间的信息交流渠道，便于医疗机构及时获悉行业内医疗技术临床应用相关信息。

第三十六条　国家卫生健康委负责建立全国医疗技术临床应用信息化管理平台，对国家限制类技术临床应用相关信息进行收集、分析和反馈。

省级卫生行政部门负责建立省级医疗技术临床应用信息化管理平台，对本行政区域内国家和省级限制类技术临床应用情况实施监督管理。

省级医疗技术临床应用信息化管理平台应当与全国医疗技术临床应用信息化管理平台实现互联互通，信息共享。

【释义】

本条是关于医疗技术临床应用信息化管理的规定。

按照《关于做好医疗技术临床应用事中事后监管有关工作的通知》（国卫办医函〔2018〕933号），国家卫生健康委负责建立全国医疗技术临床应用管理信息化管理平台（以下简称信息化管理平台），收集、统计、分析全国各医疗机构开展国家“限制类技术”临床应用相关信息，满足信息化时代对“限制类技术”临床应用加强事中事后监管的需求。省级卫生行政部门负责参照全国信息化管理平台的结构与功能，建立省级信息化管理平台，收集、统计、分析本行政区域内医疗机构开展国家“限制类技术”和省级“限制类技术”临床应用相关信息，满足国家卫生健康委、各级地方卫生行政部门、医疗机构对“限制类技术”临床应用监督管理需求。

省级信息化管理平台应当与全国信息化管理平台实现互联互通，省级按照要求将本行政区域内医疗机构开展国家“限制类技术”临床应用信息上报给国家平台，便于国家卫生健康委及时、准确、全面掌握国家“限制类技术”临床应用情况，为信息收集、分析和反馈奠定基础，为科学决策提供依据。

第三十七条　医疗机构应当按照要求，及时、准确、完整地向全国和省级医疗技术临床应用信息化管理平台逐例报送限制类技术开展情况数据信息。

各级、各专业医疗质量控制组织应当充分利用医疗技术临床应用信息化管理平台，加大数据信息分析和反馈力度，指导医疗机构提高医疗技术临床应用质量安全。

【释义】

本条是关于医疗技术临床应用信息化管理平台数据报送和应用的规定。

一、信息化管理平台数据信息报送

（一）信息报送要求

医疗机构应当按照信息化管理平台的要求及时、准确、完整地向信息化管理平台报送客观反映“限制类技术”临床应用相关信息。

及时，是指医疗机构要按照卫生行政部门对“限制类技术”临床应用上报时限的要求，在规定的时间内，上报数据信息。

准确，是指数据信息符合实际，源于病历原始数据，并严格按照“限制类技术”临床应用质量控制指标统计口径进行计算。

完整，是指“限制类技术”临床应用各填报项目不缺失。

医疗机构应该建立数据的内部验证机制，确保数据及时、准确、完整，能够满足各级卫生行政部门、医疗机构进行“限制类技术”临床应用监管需要。

（二）逐例报送信息

通过信息化管理平台对“限制类技术”临床应用数据信息进行分析，是卫生行政部门对“限制类技术”临床应用情况进行日常监督管理和定期评估的主要措施。逐例报送作为完整报送的同步要求，是医疗机构应该履行的义务。更为重要的是，通过逐例收集数据信息，可以实现“限制类技术”临床应用事中事后监督管理的全覆盖，消除监督管理盲区，保护医疗技术临床应用的合法性，保障医疗质量和患者生命安全。

二、信息化管理平台数据应用

各级、各专业医疗质量控制组织应当充分利用信息化管理平台，定期或不定期对医疗机构开展“限制类技术”临床应用情况的数据信息进行整理和分析，并及时向医疗机构进行反馈，指导医疗机构提高医疗技术临床应用质量安全。

同时，各级、各专业医疗质量控制组织在利用信息化平台进行数据信息分析的过程中，要对实施“限制类技术”临床应用的病例个案信息进行核查，通报信息上报的及时、准确、完整和逐例报送等情况。对于存在漏报、瞒报、报送虚假信息的，向卫生行政部门报告，按照《办法》有关要求依法依规处理。

第三十八条　国家建立医疗技术临床应用评估制度。对医疗技术的安全性、有效性、经济适宜性及伦理问题等进行评估，作为调整国家医疗技术临床应用管理政策的决策依据之一。

【释义】

本条是关于建立医疗技术临床应用评估制度的规定。

医疗技术临床应用评估是指卫生行政部门针对“限制类技术”在医疗机构临床应用的过程中，运用循证医学和卫生技术评估的原理与方法，通过对医疗技术临床应用的安全性、有效性、经济适宜性及伦理问题进行系统全面的评价，为医疗技术临床应用管理决策提供依据和参考。国家卫生健康委负责建立医疗技术临床应用评估制度。

一、建立医疗技术临床应用评估制度的必要性

在医疗技术管理的整个过程中，医疗技术评估作为一种科学的综合评估方法，是有效的决策和管理辅助工具，可贯穿医疗技术的临床研究、临床应用、优化与退出的全周期。医疗技术的临床应用是医疗技术全周期管理的核心。随着循证决策理念的逐步深入，我国医疗技术临床应用管理模式从准入转变为加强事中事后监管，建立更加科学合理的医疗技术临床应用评估制度迫在眉睫。通过多方合作参与，评估医疗技术临床应用的有效性、安全性、经济适宜性及伦理问题等多维度信息，为医疗技术临床应用管理提供决策证据：可以推广适宜的医疗技术，满足患者全方位、多层次医疗服务需求；遴选更具优势的医疗技术合理开展临床应用，持续提高医疗服务水平；及时停止已开展临床应用但效果不确切或者存在重大质量、安全或者伦理缺陷的医疗技术，保障医疗安全。国家建立医疗技术临床应用评估制度，不仅可以为贯彻落实《办法》奠定科学的基础，而且能够有力推动我国医疗技术评估体系与国际接轨。

二、医疗技术临床应用评估要点

（一）安全性评估

安全性评估是指运用科学的方法，对医疗技术临床应用过程中，对患者可能造成损害的风险进行评估。常用的评估指标有患者致残率、病死率、各类并发症的发生率、不良反应的发生率及发生程度等。

（二）有效性评估

有效性评估是指运用循证医学等方法，对医疗技术诊断疾病、治疗疾病、改善患者健康状况的效果进行评估。常用的评估指标类别有中间指标如血脂、血压等实验室和仪器检查结果，结果指标，如疾病的治愈率、生存率、复发率等，健康相关的生存质量指标，如质量调整生命年等。

（三）经济适宜性评估

经济适宜性评估是指运用卫生经济学的方法，对医疗技术的使用成本以及该技术应用于临床后对诊疗疾病所产生效果、效益、效用的比较，判断该医疗技术应用于临床的经济可行性。常用的卫生经济学评估方法包括成本效果分析、成本效益分析、成本效用分析等。

（四）伦理问题评估

伦理问题评估是指利用医学伦理学的原则和方法，对医疗技术临床应用执行过程中的伦理风险进行评估。通过评估，最大限度避免医疗技术临床应用可能给社会伦理道德带来的负面影响，同时保护患者利益，维护医务工作者实施“限制类技术”的合法权益。

第三十九条　国家建立医疗机构医疗技术临床应用情况信誉评分制度，与医疗机构、医务人员信用记录挂钩，纳入卫生健康行业社会信用体系管理，接入国家信用信息共享平台，并将信誉评分结果应用于医院评审、评优、临床重点专科评估等工作。

【释义】

本条是关于建立医疗技术临床应用情况信誉评分制度的规定。

一、建立信誉评分制度

医疗机构医疗技术临床应用情况信誉评分制度，是指卫生行政部门针对医疗机构开展医疗技术临床应用，根据其科学、安全、规范、有效、经济、符合伦理等程度，设置、记录相应分值，通过对评分结果的综合评判，对医疗机构执业行为进行监督管理的制度。建立医疗技术临床应用信誉评分制度，旨在加强医疗机构开展医疗技术临床应用的内部与外部的监管。通过对医疗机构开展医疗技术临床应用进行信誉评分，为医疗机构自身评价、患者就医选择、医疗秩序维护、行政部门监督管理提供依据。

二、信誉评分制度内容

各级卫生行政部门围绕信誉评分目的、信誉评分内容、信誉评分方法、信誉评分组织方式、信誉评分导向指标、信誉评分统计资料公布与应用等要求，建立信誉评分制度。

信誉评分制度建设内容主要包括：明确指导思想、指定责任机构，成立专家组织，制订工作方案，归集信誉指标、信誉评分应用等。在建立制定相关政策、指标的基础上，结合专业性、兼顾特殊性、体现实用性，优良信用记录和不良信用记录共建共享，在运用实践中健全完善。

信誉评分指标主要包括：医疗机构基本信息（包括医疗机构信用评级）、开展相应医疗技术临床应用的组织机构建设、管理制度建立、人员资质与培训、医师信用管理、设备设施配置、技术管理要求、关键质量指标、信息（包括基础信息、许可信息、处罚信息、执业信息）上报质量、医保支付、信用信息风险管理、非法行医联合惩戒等方面，采用量化评分，进行分级评估。对信誉评分内容查询实行实名制，规避信用信息泄露风险。

三、信誉评分应用

（一）与医疗机构、医务人员信用记录挂钩

按照国家关于建立社会信用体系、推进政务信息公开的要

求，各级卫生行政部门、医疗机构以建立、实施医疗技术临床应用信誉评分制度为契机，将医疗技术临床应用信誉评分与医疗机构、医务人员执业管理挂钩，实行内部信用分类管理，建立完善医疗机构、医务人员信用记录。

（二）纳入卫生健康行业社会信用体系管理，接入国家信用信息共享平台

各级卫生行政部门与有关部门积极配合，及时沟通，建立信息共享机制，与我国社会诚信法制建设步伐保持一致。

（三）将信誉评分结果应用于临床重点专科评估等工作

根据信誉评分等级，在临床重点专科评估等工作予以体现，规范医疗行为，警示医疗风险，净化医疗环境，禁止不符合条件的机构或个人违法、违规执业。通过建立信誉评分制度，塑造行业良好形象，保障患者合法权益，促进卫生健康事业持续发展。

第四十条　县级以上地方卫生行政部门应当将本行政区域内经备案开展限制类技术临床应用的医疗机构名单及相关信息及时向社会公布，接受社会监督。

【释义】

本条是关于“限制类技术”备案信息公布的规定。

“限制类技术”作为需要重点加强管理的医疗技术，临床应用情况备受关注。为保障公民、法人和其他组织依法获取“限制类技术”临床应用信息，提高卫生行政部门和医疗机构工作的透明度，促进依法行政、依法执业，充分接受社会监督，县级以上地方卫生行政部门应当将行政区域内经备案开展“限制类技术”临床应用的医疗机构名单及相关信息向社会公布。

《办法》第十一条规定，备案部门应当自收到完整备案材料之日起 15 个工作日内完成备案，在该医疗机构的《医疗机构执业许可证》副本备注栏予以注明，并逐级上报至省级卫生行政部门。县级以上地方卫生行政部门公布行政区域内备案开展“限制类技术”临床应用的医疗机构名单及相关信息，可以利用现代化信息技术手段，通过政府公报、政府网站、新闻发布会以及报刊、广播、电视等便于公众知晓的方式公开，接受查询和监督。

医疗技术临床应用公布的内容，原则上包括以下信息：备案开展“限制类技术”的医疗机构基本信息（如医疗机构名称等）、备案医疗技术相关信息（如医疗技术名称、备案时间等）。

随着医疗技术不断进步，新技术不断涌现，既要保障医疗技术的科学、安全、规范发展，又要保障医疗质量和医疗安全，维护人民群众健康权益，对监督管理工作提出了巨大挑战。发挥社会监督的优势，可以倒逼医疗机构依法执业和卫生行政部门依法行政。因此，行政部门公布的医疗机构开展“限制类技术”临床应用信息越详尽，透明程度越高，社会监督的作用就越大，越有利于协同行政部门实施监督管理，促使医疗机构在社会监督的压力下，避免脱离监督管理的行为，切实承担主体责任，真正实现加强医疗技术临床应用事中事后监管的目的。

（钮正春）

第六章　法律责任

本章共六条，是关于卫生行政部门、医疗机构及医务人员，在医疗技术临床应用管理工作中违反《办法》有关规定所应承担法律责任的规定。

法律责任是指相关主体因不履行或不完全履行法定义务，或因侵犯他人的合法权利，而应当承担的法定不利后果和必须接受的法律制裁。法律责任具有以下特点：一是有法律明确规定；二是体现违反法律义务和承担制裁后果之间的内在因果关系；三是由国家授权的机关依法追究，并由国家强制力保障实施。法律责任是法律规范的重要组成部分，是法律得以正确实施的保障，同时也是执法实践中打击违法行为的有力武器。

从违法行为所违反的法律关系的性质来看，法律责任主要有三类：刑事法律责任、民事法律责任和行政法律责任。刑事法律责任是指触犯刑事法律规定而应当承担的法律后果；民事法律责任是指违反民事法律规定而应当承担的法律后果；行政法律责任是指违反行政法律法规，损害行政法保护的个人、组织的合法权益或者国家社会公益所应承担的法律后果。本章规定的法律责任主要表现为行政法律责任和刑事法律责任。

第四十一条　医疗机构违反本办法规定，有下列情形之一的，由县级以上地方卫生行政部门责令限期改正；逾期不改的，暂停或者停止相关医疗技术临床应用，给予警告，并处以三千元以下罚款；造成严重后果的，处以三千元以上三万元以下罚款，并对医疗机构主要负责人、负有责任的主管人员和其他直接责任人员依法给予处分：

（一）未建立医疗技术临床应用管理专门组织或者未指定专（兼）职人员负责具体管理工作的；

（二）未建立医疗技术临床应用管理相关规章制度的；

（三）医疗技术临床应用管理混乱，存在医疗质量和医疗安全隐患的；

（四）未按照要求向卫生行政部门进行医疗技术临床应用备案的；

（五）未按照要求报告或者报告不实信息的；

（六）未按照要求向国家和省级医疗技术临床应用信息化管理平台报送相关信息的；

（七）未将相关信息纳入院务公开范围向社会公开的；

（八）未按要求保障医务人员接受医疗技术临床应用规范化培训权益的。

【释义】

本条是关于医疗机构不履行《办法》规定的医疗技术临床应用中的管理职责所应承担法律责任的规定。

一、医疗机构违反《办法》规定的八种情形

（一）未建立医疗技术临床应用管理专门组织或者未指定专（兼）职人员负责具体管理工作的

《办法》第十五条规定，二级以上的医院、妇幼保健院及专科疾病防治机构医疗质量管理委员会应当下设医疗技术临床应用管理的专门组织。其他医疗机构应当设立医疗技术临床应用管理工作小组，并指定专（兼）职人员负责本机构医疗技术临床应用管理工作。健全的管理组织是医疗技术临床应用规范管理的保障，医疗机构应当根据医疗机构等级，按照第十五条规定建立管理组织并指定专（兼）职人员负责具体管理工作。

（二）未建立医疗技术临床应用管理相关规章制度的

《办法》第十六条规定，医疗机构应当建立本机构医疗技术临床应用管理制度，包括目录管理、手术分级、医师授权、质量控制、档案管理、动态评估等制度，保障医疗技术临床应用质量和安全。医疗机构应当按照第十六条规定建立符合医院实际的、可操作的制度，其中目录管理、手术分级、医师授权、质量控制、档案管理、动态评估等制度为必须建立的制度。

（三）医疗技术临床应用管理混乱，存在医疗质量和医疗安全隐患的

指医疗机构已建立相关管理组织、制度的情况下，由于未能履行管理组织职责、落实管理制度等导致医疗技术临床应用管理存在医疗质量和医疗安全隐患的，应当承担法律责任。

（四）未按要求向卫生行政部门进行医疗技术临床应用备案的

《办法》第十一条规定，医疗机构拟开展“限制类技术”临床应用的，应当按照相关医疗技术临床应用管理规范进行自我评估，符合条件的可以开展临床应用，并于开展首例临床应用之日起15个工作日内，向核发其《医疗机构执业许可证》的卫生行政部门备案。该条规定对医疗机构开展“限制类技术”临床应用的条件要求、备案程序、备案时限、备案材料予以明确，医疗机构应按照规定向核发其《医疗机构执业许可证》的卫生行政部门进行备案。

（五）未按要求报告或者报告不实信息的

《办法》第二十五条规定，医疗机构在“限制类技术”临床应用过程中出现需要立即停止临床应用的四种情形后，应当及时将有关情况向卫生行政部门报告。其中因医疗机构自身因素出现第一款第二项、第三项情形，应立即停止该项技术的临床应用，并立即将有关情况向核发其《医疗机构执业许可证》的卫生行政部门报告。因医疗技术本身因素出现第一款第四项情形，应当立即停止该项技术的临床应用，并立即将有关情况

向核发其《医疗机构执业许可证》的卫生行政部门和省级卫生行政部门报告。医疗机构未按要求报告或者报告不实信息的属于违反本条规定的行为，应依法承担法律责任。

（六）未按照要求向国家和省级医疗技术临床应用信息化管理平台报送相关信息的

《办法》第三十七条规定，医疗机构应当按照要求，及时、准确、完整地向全国和省级医疗技术临床应用信息化管理平台逐例报送“限制类技术”开展情况数据信息。报送数据的基本要求是：及时、准确、完整、逐例报送。

（七）未将相关信息纳入院务公开范围向社会公开的

《办法》第二十四条规定，医疗机构开展的“限制类技术”目录、手术分级管理目录和限制类技术临床应用情况应当纳入本机构院务公开范围，主动向社会公开，接受社会监督。医疗机构应按照该要求将有关情况向社会公开。

（八）未保障医务人员接受医疗技术临床应用规范化培训权益的

《办法》第二十六条规定，拟开展“限制类技术”的医师应当按照相关技术临床应用管理规范要求接受规范化培训。《执业医师法》中第二十一条规定，医师在执业活动中享有参加专业培训，接受继续医学教育的权利。“限制类技术”的特殊性要求拟开展“限制类技术”的医师经过专业的培训。在各项“限制类技术”的管理规范中，在人员基本要求中规定医师需要在省级卫生行政部门指定的培训基地进行相关专业系统培训。在《护士条例》《乡村医生从业管理条例》中也规定护士、乡村医生有参加专业培训的权利。在《办法》第二十三条中规定，医疗机构应当为医务人员参加医疗技术临床应用规范化培训创造条件，加强医疗技术临床应用管理人才队伍的建设和培养。医疗机构应当保障医务人员接受医疗技术临床应用规范化培训权益。

二、医疗机构出现上述八种违反《办法》规定情形的，由县级以上地方卫生行政部门做出以下处理

（一）对医疗机构的处分

根据医疗机构违反《办法》规定情形、改正情况、后果严重程度等，县级以上地方卫生行政部门作出不同的处分措施。

1. 责令限期改正。卫生行政部门首次发现医疗机构存在违反办法规定的情形时，责令其对照《办法》中的管理要求在限定的期限内进行改正。

2. 逾期不改的，暂停或者停止相关医疗技术临床应用，给予警告，并处以三千元以下罚款。卫生行政部门作出责令限期改正后，在整改期限到期后，应对医疗机构整改情况进行监督检查。发现医疗机构逾期不改的，给予“暂停或者停止相关医疗技术临床应用，给予警告，并处以三千元以下罚款”的行政处罚。

3. 造成严重后果的，处以三千元以上三万元以下罚款。医疗机构因医疗技术临床应用管理不规范造成患者人身严重损害或者严重社会影响的，卫生行政部门在行政处罚时，应当在罚款金额上加大处罚力度。

（二）对医疗机构主要负责人、负有责任的主管人员和其他直接责任人员的处分

在造成严重后果的情形下，除了对医疗机构罚款外，还应当同时追究医疗机构主要负责人、负有责任的主管人员和其他直接责任人员的责任，视情节给予警告、记过、降低岗位等级或撤职、开除等处分。

第四十二条　承担限制类技术临床应用规范化培训的医疗机构，有下列情形之一的，由省级卫生行政部门责令其停止医疗技术临床应用规范化培训，并向社会公布；造成严重后果的，对医疗机构主要负责人、负有责任的主管人员和其他直接责任人员依法给予处分：

（一）未按照要求向省级卫生行政部门备案的；

（二）提供不实备案材料或者弄虚作假的；

（三）未按照要求开展培训、考核的；

（四）管理混乱导致培训造成严重不良后果，并产生重大社会影响的。

【释义】

本条是关于承担“限制类技术”临床应用规范化培训的医疗机构违反规定行为应承担法律责任的规定。

一、医疗机构违反《办法》规定四种情形

（一）未按要求向省级卫生行政部门备案的

《办法》第二十八条规定，对“限制类技术”临床应用规范化培训基地实施备案管理。医疗机构拟承担“限制类技术”临床应用规范化培训工作的，应当达到国家和省级卫生行政部门规定的条件，制定培训方案并向社会公开。第二十九条规定，医疗机构拟承担“限制类技术”临床应用规范化培训工作的，应当于首次发布招生公告之日起 3 个工作日内，向省级卫生行政部门备案。以上两条规定对承担“限制类技术”临床应用规范化培训工作的医疗机构的条件要求、备案程序、备案时限、备案材料予以明确规定，未按要求向省级卫生行政部门备案的，应承担相应的法律责任。

（二）提供不实备案材料或者弄虚作假的

《办法》第二十八条规定，医疗机构拟承担“限制类技术”临床应用规范化培训工作的，应当达到国家和省级卫生行政部门规定的条件。国家和省级卫生行政部门规定的条件是开展“限制类技术”临床应用规范化培训工作的基本要求。医疗机构为达到国家和省级卫生行政部门规定的条件，提供不实备案材料或者弄虚作假的，应当承担法律责任。

（三）未按照要求开展培训、考核的

医疗技术临床应用培训工作中，由国家卫生健康委和省级卫生行政部门制订国家“限制类技术”和省级“限制类技术”的培训标准和考核要求。《办法》第三十一条、第三十三条中规定了培训基地的培训和考核要求，承担“限制类技术”临床应用规范化培训的医疗机构应按规范开展培训、考核工作。

（四）管理混乱导致培训造成严重不良后果，并产生重大社会影响的

本条规定由于医疗机构未落实培训管理要求，造成严重不良后果，并产生重大社会影响的，应承担法律责任。

二、出现以上违反《办法》规定情形的，由县级以上地方卫生行政部门做出以下处理

（一）对医疗机构的处分

责令其停止相关医疗技术临床应用规范化培训，并向社会公布。

（二）对医疗机构主要负责人、负有责任的主管人员和其他直接责任人员的处分

在造成严重后果的情形下，除了对责令其停止相关医疗技术临床应用规范化培训，并向社会公布外，还应当同时追究医疗机构主要负责人、负有责任的主管人员和其他直接责任人员的责任，视情节给予警告、记过、降低岗位等级或撤职、开除

等处分。

第四十三条　医疗机构有下列情形之一的，由县级以上地方卫生行政部门依据《医疗机构管理条例》第四十七条的规定进行处理；情节严重的，还应当对医疗机构主要负责人和其他直接责任人员依法给予处分：

（一）开展相关医疗技术与登记的诊疗科目不相符的；

（二）开展禁止类技术临床应用的；

（三）不符合医疗技术临床应用管理规范要求擅自开展相关医疗技术的。

【释义】

本条是关于医疗机构在医疗技术的临床应用过程中发生违反《办法》规定行为所应承担法律责任的规定。

一、医疗机构违反《办法》规定三种情形

（一）开展相关医疗技术与登记的诊疗科目不相适应的

《办法》第十七条规定，医疗机构开展医疗技术临床应用

应当具有符合要求的诊疗科目、专业技术人员、相应的设备、设施和质量控制体系，并遵守相关技术临床应用管理规范。医疗技术的临床应用必须在相应诊疗科目下开展，同时一项医疗技术的开展也涉及其他相关诊疗科目，如麻醉科、重症医学科、医学影像科、病理科等。医疗机构开展相关的医疗技术，必须与登记的诊疗科目相适应，诊疗活动不能超出登记范围。

（二）开展禁止类技术临床应用的

《办法》第九条规定，“禁止类技术”禁止临床应用。医疗机构开展“禁止类技术”临床应用，应当承担法律责任。

（三）不符合医疗技术临床应用管理规范要求擅自开展相关医疗技术的

《办法》第十一条规定，医疗机构拟开展“限制类技术”临床应用的，应当按照相关医疗技术临床应用管理规范进行自我评估，符合条件的可以开展临床应用。医疗机构对本机构医疗技术临床应用和管理承担主体责任。医疗机构经自我评估，不符合医疗技术临床应用管理规范要求的，不能开展相关医疗技术。

二、医疗机构出现上述三种违反《办法》规定情形的，由县级以上地方卫生行政部门做出以下处理

（一）对医疗机构的处分

按照《医疗机构管理条例》第四十七条的规定进行处理。《医疗机构管理条例》第四十七条规定，违反本条例第二十七条规定，诊疗活动超出登记范围的，由县级以上人民政府卫生行政部门予以警告，责令其改正，并可以根据情节处以3000元以下的罚款，情节严重的，吊销其《医疗机构执业许可证》。本条规定的三种违反《办法》规定情形的可按照医疗机构诊疗活动超出登记范围进行处理。其中情节严重的，吊销《医疗机构执业许可证》。在具体实施过程中，原卫生部2006年6月对于原上海市卫生局《关于实施吊销〈医疗机构执业许可证〉问题的请示》的批复中规定：根据《医疗机构管理条例》第四十七条、第四十八条的规定，对医疗机构诊疗活动超出登记范围或者使用非卫生技术人员从事医疗卫生技术工作情节严重的，卫生行政部门可以根据实际情况吊销医疗机构相关诊疗科目的执业许可。在行政处罚中，卫生行政部门可根据违法情节和后果的严重情况，予以吊销《医疗机构执业许可证》或吊销医疗机构相关诊疗科目的执业许可。

（二）对主要负责人和责任人的处分

当医疗机构出现上述三种违反《办法》规定的情形，情节严重的，除了对医疗机构行政处罚外，还应当同时追究医疗机构主要负责人和其他直接责任人员的责任，视情节给予警告、记过、降低岗位等级或撤职、开除等处分。

第四十四条　医疗机构管理混乱导致医疗技术临床应用造成严重不良后果，并产生重大社会影响的，由县级以上地方卫生行政部门责令限期整改，并给予警告；逾期不改的，给予三万元以下罚款，并对医疗机构主要负责人、负有责任的主管人员和其他直接责任人员依法给予处分。

【释义】

本条是关于医疗机构管理混乱导致医疗技术临床应用造成严重不良后果的行为所应承担法律责任的规定。

《办法》第三章明确了医疗机构医疗技术临床应用管理的要求，包括管理与控制的组织、管理制度、论证评估、信息公开、信息报送等。医疗机构未能有效履行管理职责、落实管理制度，导致医疗技术临床应用造成严重不良后果，并产生重大社会影响的，应当承担法律责任。

（一）对医疗机构的处分

本条针对不同的违反规定情形、改正情况，县级以上地方卫生行政部门作出不同的处分措施。

1. 责令限期整改，并给予警告。卫生行政部门发现医疗机构管理混乱导致医疗技术临床应用造成严重不良后果，并产生重大社会影响的，应责令其对照《办法》中的管理要求在限定的期限内进行整改，责令限期整改的同时，应当对其予以警告，避免再次发生类似行为。

2. 逾期不改的，给予三万元以下罚款。卫生行政部门作出责令限期整改，并给予警告后，在整改期限到期后，应对医疗机构整改情况进行监督检查。发现医疗机构逾期不改的，应进行行政处罚，给予三万元以下罚款。

（二）对主要负责人和责任人的处分

在县级以上地方卫生行政部门责令整改后，医疗机构逾期不改的，除了对医疗机构行政处罚外，还应当同时追究医疗机构主要负责人、负有责任的主管人员和其他直接责任人员的责任，视情节给予警告、记过、降低岗位等级或撤职、开除等处分。

第四十五条　医务人员有下列情形之一的，由县级以上地方卫生行政部门按照《执业医师法》《护士条例》《乡村医生从业管理条例》等法律法规的有关规定进行处理；构成犯罪的，依法追究刑事责任：

（一）违反医疗技术管理相关规章制度或者医疗技术临床应用管理规范的；

（二）开展禁止类技术临床应用的；

（三）在医疗技术临床应用过程中，未按照要求履行知情同意程序的；

（四）泄露患者隐私，造成严重后果的。

【释义】

本条是关于医务人员在医疗技术的临床应用过程中发生违

反《办法》规定行为所应承担法律责任的规定。

一、医务人员违反《办法》规定四种情形

（一）违反医疗技术管理相关行政规章制度或者医疗技术临床应用管理规范的

遵守法律法规和诊疗技术管理规范是医务人员的基本义务。《执业医师法》第二十二条规定，医师在执业活动中应当履行遵守法律、法规，遵守技术操作规范的义务。《护士条例》第十六条规定，护士执业，应当遵守法律、法规、规章和诊疗技术规范的规定。《乡村医生从业管理条例》第二十四条规定，乡村医生在执业活动中应当履行遵守法律、法规、规章和诊疗护理技术规范、常规的义务。医务人员在医疗技术临床应用中违反医疗技术管理相关行政规章制度或者医疗技术临床应用管理规范的，应当承担相应的法律责任。

（二）开展“禁止类技术”临床应用的

《办法》第九条规定，具有以下几种情形的医疗技术禁止应用于临床：（一）临床应用安全性、有效性不确切；（二）存在重大伦理问题；（三）该技术已经被临床淘汰；（四）未经临床研究论证的医疗新技术。非医务人员开展“禁止类技术”临床应用是明显的违法行为。

（三）在医疗技术临床应用过程中，未按照要求履行知情同意程序的

《侵权责任法》第五十五条规定，医务人员在诊疗活动中应当向患者说明病情和医疗措施。需要实施手术、特殊检查、

特殊治疗的，医务人员应当及时向患者说明医疗风险、替代医疗方案等情况，并取得其书面同意；不宜向患者说明的，应当向患者的近亲属说明，并取得其书面同意。对医务人员履行知情同意的范围、程序、形式都有明确规定，医务人员在医疗技术临床应用中应当依法履行知情同意义务，保障患者的知情权。

（四）泄露患者隐私，造成严重后果的

保护患者隐私也是医务人员基本义务。《侵权责任法》第六十二条规定，医疗机构及其医务人员应当对患者的隐私保密。泄露患者隐私或者未经患者同意公开其病历资料，造成患者损害的，应当承担侵权责任。在《执业医师法》《护士条例》《乡村医生从业管理条例》中也要求保护患者的隐私。本条规定医务人员在医疗技术临床应用过程中泄露患者隐私，造成严重后果的应当承担的法律责任。

二、医务人员在医疗技术临床应用中违法应承担的两种法律责任

（一）行政法律责任

包括给予警告或者责令暂停六个月以上一年以下执业活动；暂扣或吊销执业证书。以上两种行政处罚由县级以上卫生行政部门按照《执业医师法》第三十七条、《护士条例》第三十一条、《乡村医生从业管理条例》第三十八条的有关规定予以实施。

《执业医师法》第三十七条规定："医师在执业活动中，违反本法规定，有下列行为之一的，由县级以上人民政府卫生行政部门给予警告或者责令暂停六个月以上一年以下执业活动；情节严重的，吊销其执业证书；构成犯罪的，依法追究刑事责任。（一）违反卫生行政规章制度或者技术操作规范，造成严重后果的；（二）由于不负责任延误急危患者的抢救和诊治，造成严重后果的；（三）造成医疗责任事故的；（四）未经亲自诊查、调查，签署诊断、治疗、流行病学等证明文件或者有关出生、死亡等证明文件的；（五）隐匿、伪造或者擅自销毁医学文书及有关资料的；（六）使用未经批准使用的药品、消毒药剂和医疗器械的；（七）不按照规定使用麻醉药品、医疗用毒性药品、精神药品和放射性药品的；（八）未经患者或者其家属同意，对患者进行实验性临床医疗的；（九）泄露患者隐私，造成严重后果的；（十）利用职务之便，索取、非法收受患者财物或者牟取其他不正当利益的；（十一）发生自然灾害、传染病流行、突发重大伤亡事故以及其他严重威胁人民生命健康的紧急情况时，不服从卫生行政部门调遣的；（十二）发生医疗事故或者发现传染病疫情，患者涉嫌伤害事件或者非正常死亡，不按照规定报告的。”

《护士条例》第三十一条规定：“护士在执业活动中有下列情形之一的，由县级以上地方人民政府卫生主管部门依据职责分工责令改正，给予警告；情节严重的，暂停其6个月以上1年以下执业活动，直至由原发证部门吊销其护士执业证书：（一）发现患者病情危急未立即通知医师的；（二）发现医嘱违反法律、法规、规章或者诊疗技术规范的规定，未依照本条例第十七条的规定提出或者报告的；（三）泄露患者隐私的；（四）发生自然灾害、公共卫生事件等严重威胁公众生命健康的突发事件，不服从安排参加医疗救护的。护士在执业活动中造成医疗事故的，依照医疗事故处理的有关规定承担法律责任。”

《乡村医生从业管理条例》第三十八条规定：“乡村医生在执业活动中，违反本条例规定，有下列行为之一的，由县级人民政府卫生行政主管部门责令限期改正，给予警告；逾期不改正的，责令暂停3个月以上6个月以下执业活动；情节严重的，由原发证部门暂扣乡村医生执业证书：（一）执业活动超出规定的执业范围，或者未按照规定进行转诊的；（二）违反规定使用乡村医生基本用药目录以外的处方药品的；（三）违反规定出具医学证明，或者伪造卫生统计资料的；（四）发现传染病疫情、中毒事件不按规定报告的。”

（二）刑事法律责任

构成犯罪的，依法追究刑事责任。《刑法》第三百三十五条规定，医务人员由于严重不负责任，造成就诊人死亡或者严重损害就诊人身体健康的，处三年以下有期徒刑或者拘役。在医疗技术临床应用过程中，因医务人员严重不负责任，如本条中所涉及的严重违反医疗技术管理相关行政规章制度或者医疗技术临床应用管理规范的、开展“禁止类医疗技术”临床应用等，造成就诊人死亡或者严重损害就诊人身体健康的行为，处三年以下有期徒刑或者拘役。

第四十六条　县级以上地方卫生行政部门未按照本办法规定履行监管职责，造成严重后果的，对直接负责的主管人员和其他直接责任人员依法给予记大过、降级、撤职、开除等行政处分。

【释义】

本条是关于县级以上地方卫生行政部门未履行医疗技术临床应用监管职责造成严重后果应当承担行政法律责任的规定。

一、县级以上地方卫生行政部门应履行医疗技术临床应用监管职责

《办法》对于医疗技术临床应用管理中县级以上地方卫生行政部门的监管职责做了具体的规定。

（一）医疗技术“负面清单”管理

《办法》第十条规定，省级卫生行政部门可以结合本行政区域实际情况，在国家“限制类技术”目录基础上增补省级“限制类技术”相关项目，制定发布相关技术临床应用管理规范，并报国家卫生健康委备案。

（二）对“限制类技术”实施备案管理

《办法》第十一条规定，县级以上卫生行政部门应当受理本部门核发《医疗机构执业许可证》的医疗机构提交的备案材料，于收到完整的备案材料之日起15个工作日内完成备案，在该机构《医疗机构执业许可证》副本备注栏予以注明，并逐级上报至省级卫生行政部门。

（三）医疗技术临床应用培训与考核

《办法》第四章规定了省级卫生行政部门在医疗技术应用规范化培训与考核中的具体职责。省级卫生行政部门有三项职责：统一组织制订省级“限制类技术”培训标准，对培训基地管理和参培医师的培训和考核提出统一要求，并向社会公布；及时向社会公布经备案拟承担“限制性技术”临床应用规范化培训工作的医疗机构名单；加强对“限制类技术”临床应用规范化培训基地的考核和评估，对不符合培训基地条件或未按要求开展培训、考核的，应当责令其停止培训工作，并向社会公布。

（四）对辖区内医疗技术临床应用情况的监督管理

《办法》第五章规定了卫生行政部门对医疗技术临床应用的监督管理。县级以上地方卫生行政部门应当加强对辖区内医疗机构医疗技术临床应用情况的监督管理，将辖区内经备案开展“限制类技术”临床应用的医疗机构名单及相关信息向社会公布，接受社会监督。

（五）依法查处医疗机构、医务人员在医疗技术临床应用过程中的违法违规行为

二、承担行政法律责任的要素

本条规定行政处分的条件包括两个要素：一是未按照《办法》规定履行监管职责的，二是造成严重后果的。只有当两个

要素同时出现时，才能给予行政处分：对直接负责的主管人员和其他直接责任人员依法给予记大过、降级、撤职、开除等行政处分。根据《公务员法》第五十七条规定，对公务员的处分，应当事实清楚、证据确凿、定性准确、处理恰当、程序合法、手续完备。公务员违纪的，应当由处分决定机关决定对公务员违纪的情况进行调查，并将调查认定的事实及拟给予处分的依据告知公务员本人。公务员有权进行陈述和申辩。处分决定机关认为对公务员应当给予处分的，应当在规定的期限内，按照管理权限和规定的程序作出处分决定。处分决定应当以书面形式通知公务员本人。

（付铁红、邵文杰）

第七章 附 则

本章共五条。列出了不适用《办法》规定的情形和《办法》颁布前后政策衔接、中医医疗机构医疗技术管理要求等内容。

第四十七条 人体器官移植技术、人类辅助生殖技术、细胞治疗技术的监督管理不适用本办法。

【释义】

本条是对已有法律法规或另有其他规定的医疗技术临床应用管理的规定。

人体器官移植技术按照《人体器官移植条例》（中华人民共和国国务院令第491号，2007年3月31日发布，自2007年5月1日起施行）规定进行管理。

人类辅助生殖技术按照《人类辅助生殖技术管理办法》（卫生部令第14号，2001年2月20日发布，自2001年8月1日起施行）规定进行管理。

细胞治疗技术按照国家有关部门的规定管理，不适用《办法》。

第四十八条 省级卫生行政部门可以根据本办法，结合地方实际制定具体实施办法。

【释义】

本条是对省级卫生行政部门具体实施《办法》权限的规定。

考虑到各省医疗机构医疗技术临床应用水平的差异，本条规定各省级卫生行政部门可以因地制宜制定本地区具体实施办法，鼓励各省出台操作性、实用性更强的措施，鼓励在《办法》框架下进行管理创新，提高医疗技术临床应用管理水平。

第四十九条 本办法公布前，已经开展相关限制类技术临床应用的医疗机构，应当自本办法公布之日起按照本办法及相关医疗技术临床应用管理规范进行自我评估。符合临床应用条件的，应当自本办法施行之日起3个月内按照要求向核发其《医疗机构执业许可证》的卫生行政部门备案；不符合要求或者不按照规定备案的，不得再开展该项医疗技术临床应用。

【释义】

本条是对《办法》发布前、后医疗技术临床应用管理政策衔接的规定。

在《办法》发布前，已经开展相关“限制类技术”临床应用的医疗机构，必须立即按照国家、省级卫生行政部门发布的“限制类技术”临床应用管理规范进行全面自我评估。

自我评估符合条件的，要在2019年2月1号前按照要求向核发其《医疗机构执业许可证》的卫生行政部门备案。

自我评估不符合条件的，要立即停止该项医疗技术临床应用。

逾期不按照规定备案的，不得再开展该项医疗技术临床应用。

《办法》发布后，省级卫生行政部门要及时发布增补的省级“限制类技术”项目及其临床应用管理规范，便于医疗机构按时限要求完成自我评估、备案工作。

第五十条　中医医疗机构的医疗技术临床应用管理由中医药主管部门负责。

【释义】

本条是中医医疗机构医疗技术临床应用管理权限的规定。

按照法定职责和管理权限，中医医疗机构的医疗技术临床应用管理由各级中医药主管部门负责，包括西医医疗技术和中医医疗技术。

第五十一条 本办法自 2018 年 11 月 1 日起施行。

【释义】

本条是对《办法》实施日期的规定。

《办法》自 2018 年 11 月 1 日起施行，即《办法》从 2018 年 11 月 1 日起具有法律效力，对管理对象具有约束力。

（朱敏、阮小明）

附录1：医疗技术临床应用管理办法

（2018年8月13日，中华人民共和国国家卫生健康委令第1号公布，2018年11月1日起施行）

第一章 总 则

第一条 为加强医疗技术临床应用管理，促进医学科学发展和医疗技术进步，保障医疗质量和患者安全，维护人民群众健康权益，根据有关法律法规，制定本办法。

第二条 本办法所称医疗技术，是指医疗机构及其医务人员以诊断和治疗疾病为目的，对疾病作出判断和消除疾病、缓解病情、减轻痛苦、改善功能、延长生命、帮助患者恢复健康而采取的医学专业手段和措施。

本办法所称医疗技术临床应用，是指将经过临床研究论证且安全性、有效性确切的医疗技术应用于临床，用以诊断或者治疗疾病的过程。

第三条 医疗机构和医务人员开展医疗技术临床应用应当遵守本办法。

第四条 医疗技术临床应用应当遵循科学、安全、规范、有效、经济、符合伦理的原则。

安全性、有效性不确切的医疗技术，医疗机构不得开展临床应用。

第五条　国家建立医疗技术临床应用负面清单管理制度，对禁止临床应用的医疗技术实施负面清单管理，对部分需要严格监管的医疗技术进行重点管理。其他临床应用的医疗技术由决定使用该类技术的医疗机构自我管理。

第六条　医疗机构对本机构医疗技术临床应用和管理承担主体责任。医疗机构开展医疗技术服务应当与其技术能力相适应。

医疗机构主要负责人是本机构医疗技术临床应用管理的第一责任人。

第七条　国家卫生健康委负责全国医疗技术临床应用管理工作。

县级以上地方卫生行政部门负责本行政区域内医疗技术临床应用监督管理工作。

第八条　鼓励卫生行业组织参与医疗技术临床应用质量控制、规范化培训和技术评估工作，各级卫生行政部门应当为卫生行业组织参与医疗技术临床应用管理创造条件。

第二章　医疗技术负面清单管理

第九条　医疗技术具有下列情形之一的，禁止应用于临床（以下简称禁止类技术）：

（一）临床应用安全性、有效性不确切；

（二）存在重大伦理问题；

（三）该技术已经被临床淘汰；

（四）未经临床研究论证的医疗新技术。

禁止类技术目录由国家卫生健康委制定发布或者委托专业组织制定发布，并根据情况适时予以调整。

第十条 禁止类技术目录以外并具有下列情形之一的，作为需要重点加强管理的医疗技术（以下简称限制类技术），由省级以上卫生行政部门严格管理：

（一）技术难度大、风险高，对医疗机构的服务能力、人员水平有较高专业要求，需要设置限定条件的；

（二）需要消耗稀缺资源的；

（三）涉及重大伦理风险的；

（四）存在不合理临床应用，需要重点管理的。

国家限制类技术目录及其临床应用管理规范由国家卫生健康委制定发布或者委托专业组织制定发布，并根据临床应用实际情况予以调整。

省级卫生行政部门可以结合本行政区域实际情况，在国家限制类技术目录基础上增补省级限制类技术相关项目，制定发布相关技术临床应用管理规范，并报国家卫生健康委备案。

第十一条 对限制类技术实施备案管理。医疗机构拟开展限制类技术临床应用的，应当按照相关医疗技术临床应用管理规范进行自我评估，符合条件的可以开展临床应用，并于开展首例临床应用之日起15个工作日内，向核发其《医疗机构执业许可证》的卫生行政部门备案。备案材料应当包括以下内容：

（一）开展临床应用的限制类技术名称和所具备的条件及有关评估材料；

（二）本机构医疗技术临床应用管理专门组织和伦理委员会论证材料；

（三）技术负责人（限于在本机构注册的执业医师）资质证明材料。

备案部门应当自收到完整备案材料之日起 15 个工作日内完成备案，在该医疗机构的《医疗机构执业许可证》副本备注栏予以注明，并逐级上报至省级卫生行政部门。

第十二条　未纳入禁止类技术和限制类技术目录的医疗技术，医疗机构可以根据自身功能、任务、技术能力等自行决定开展临床应用，并应当对开展的医疗技术临床应用实施严格管理。

第十三条　医疗机构拟开展存在重大伦理风险的医疗技术，应当提请本机构伦理委员会审议，必要时可以咨询省级和国家医学伦理专家委员会。未经本机构伦理委员会审查通过的医疗技术，特别是限制类医疗技术，不得应用于临床。

第三章　管理与控制

第十四条　国家建立医疗技术临床应用质量管理与控制制度，充分发挥各级、各专业医疗质量控制组织的作用，以“限制类技术”为主加强医疗技术临床应用质量控制，对医疗技术临床应用情况进行日常监测与定期评估，及时向医疗机构反馈质控和评估结果，持续改进医疗技术临床应用质量。

第十五条 二级以上的医院、妇幼保健院及专科疾病防治机构医疗质量管理委员会应当下设医疗技术临床应用管理的专门组织，由医务、质量管理、药学、护理、院感、设备等部门负责人和具有高级技术职务任职资格的临床、管理、伦理等相关专业人员组成。该专门组织的负责人由医疗机构主要负责人担任，由医务部门负责日常管理工作，主要职责是：

（一）根据医疗技术临床应用管理相关的法律、法规、规章，制定本机构医疗技术临床应用管理制度并组织实施；

（二）审定本机构医疗技术临床应用管理目录和手术分级管理目录并及时调整；

（三）对首次应用于本机构的医疗技术组织论证，对本机构已经临床应用的医疗技术定期开展评估；

（四）定期检查本机构医疗技术临床应用管理各项制度执行情况，并提出改进措施和要求；

（五）省级以上卫生行政部门规定的其他职责。

其他医疗机构应当设立医疗技术临床应用管理工作小组，并指定专（兼）职人员负责本机构医疗技术临床应用管理工作。

第十六条 医疗机构应当建立本机构医疗技术临床应用管理制度，包括目录管理、手术分级、医师授权、质量控制、档案管理、动态评估等制度，保障医疗技术临床应用质量和安全。

第十七条 医疗机构开展医疗技术临床应用应当具有符合

要求的诊疗科目、专业技术人员、相应的设备、设施和质量控制体系，并遵守相关技术临床应用管理规范。

第十八条 医疗机构应当制定本机构医疗技术临床应用管理目录并及时调整，对目录内的手术进行分级管理。

手术管理按照国家关于手术分级管理的有关规定执行。

第十九条 医疗机构应当依法准予医务人员实施与其专业能力相适应的医疗技术，并为医务人员建立医疗技术临床应用管理档案，纳入个人专业技术档案管理。

第二十条 医疗机构应当建立医师手术授权与动态管理制度，根据医师的专业能力和培训情况，授予或者取消相应的手术级别和具体手术权限。

第二十一条 医疗机构应当建立医疗技术临床应用论证制度。对已证明安全有效，但属本机构首次应用的医疗技术，应当组织开展本机构技术能力和安全保障能力论证，通过论证的方可开展医疗技术临床应用。

第二十二条 医疗机构应当建立医疗技术临床应用评估制度，对限制类技术的质量安全和技术保证能力进行重点评估，并根据评估结果及时调整本机构医疗技术临床应用管理目录和有关管理要求。对存在严重质量安全问题或者不再符合有关技术管理要求的，要立即停止该项技术的临床应用。

医疗机构应当根据评估结果，及时调整本机构医师相关技术临床应用权限。

第二十三条 医疗机构应当为医务人员参加医疗技术临床

应用规范化培训创造条件，加强医疗技术临床应用管理人才队伍的建设和培养。

医疗机构应当加强首次在本医疗机构临床应用的医疗技术的规范化培训工作。

第二十四条 医疗机构开展的限制类技术目录、手术分级管理目录和限制类技术临床应用情况应当纳入本机构院务公开范围，主动向社会公开，接受社会监督。

第二十五条 医疗机构在医疗技术临床应用过程中出现下列情形之一的，应当立即停止该项医疗技术的临床应用：

（一）该医疗技术被国家卫生健康委列为“禁止类技术”；

（二）从事该医疗技术的主要专业技术人员或者关键设备、设施及其他辅助条件发生变化，不能满足相关技术临床应用管理规范要求，或者影响临床应用效果；

（三）该医疗技术在本机构应用过程中出现重大医疗质量、医疗安全或者伦理问题，或者发生与技术相关的严重不良后果；

（四）发现该项医疗技术临床应用效果不确切，或者存在重大质量、安全或者伦理缺陷。

医疗机构出现第一款第二项、第三项情形，属于限制类技术的，应当立即将有关情况向核发其《医疗机构执业许可证》的卫生行政部门报告。卫生行政部门应当及时取消该医疗机构相应医疗技术临床应用备案，在该机构《医疗机构执业许可证》副本备注栏予以注明，并逐级向省级卫生行政部门报告。

医疗机构出现第一款第四项情形的，应当立即将有关情况向核发其《医疗机构执业许可证》的卫生行政部门和省级卫生行政部门报告。省级卫生行政部门应当立即组织对该项医疗技术临床应用情况进行核查，确属医疗技术本身存在问题的，可以暂停该项医疗技术在本地区的临床应用，并向国家卫生健康委报告。国家卫生健康委收到报告后，组织专家进行评估，决定需要采取的进一步管理措施。

第四章 培训与考核

第二十六条 国家建立医疗技术临床应用规范化培训制度。拟开展限制类技术的医师应当按照相关技术临床应用管理规范要求接受规范化培训。

国家卫生健康委统一组织制定国家限制类技术的培训标准和考核要求，并向社会公布。

第二十七条 省级增补的限制类技术以及省级卫生行政部门认为其他需要重点加强培训的医疗技术，由省级卫生行政部门统一组织制订培训标准，对培训基地管理和参加培训医师（以下简称参培医师）的培训和考核提出统一要求，并向社会公布。

第二十八条 对限制类技术临床应用规范化培训基地实施备案管理。医疗机构拟承担限制类技术临床应用规范化培训工作的，应当达到国家和省级卫生行政部门规定的条件，制定培训方案并向社会公开。

第二十九条 医疗机构拟承担限制类技术临床应用规范化

培训工作的，应当于首次发布招生公告之日起 3 个工作日内，向省级卫生行政部门备案。备案材料应当包括：

（一）开展相关限制类技术临床应用的备案证明材料；

（二）开展相关限制类技术培训工作所具备的软、硬件条件的自我评估材料；

（三）近 3 年开展相关限制类技术临床应用的医疗质量和医疗安全情况；

（四）培训方案、培训师资、课程设置、考核方案等材料。

第三十条　省级卫生行政部门应当及时向社会公布经备案拟承担限制性技术临床应用规范化培训工作的医疗机构名单。

省级卫生行政部门应当加强对限制类技术临床应用规范化培训基地的考核和评估，对不符合培训基地条件或者未按照要求开展培训、考核的，应当责令其停止培训工作，并向社会公布。

第三十一条　培训基地应当建立健全规章制度及流程，明确岗位职责和管理要求，加强对培训导师的管理。严格按照统一的培训大纲和教材制定培训方案与计划，建立医师培训档案，确保培训质量和效果。

第三十二条　申请参加培训的医师应当符合相关医疗技术临床应用管理规范要求。培训基地应当按照公开公平、择优录取、双向选择的原则决定是否接收参培医师。

第三十三条　参培医师完成培训后应当接受考核。考核包括过程考核和结业考核。

考核应当由所在培训基地或者省级卫生行政部门委托的第三方组织实施。

第三十四条　对国家和省级卫生行政部门作出统一培训要求以外的医疗技术，医疗机构应当自行进行规范化培训。

第五章　监督管理

第三十五条　县级以上地方卫生行政部门应当加强对本行政区域内医疗机构医疗技术临床应用的监督管理。

第三十六条　国家卫生健康委负责建立全国医疗技术临床应用信息化管理平台，对国家限制类技术临床应用相关信息进行收集、分析和反馈。

省级卫生行政部门负责建立省级医疗技术临床应用信息化管理平台，对本行政区域内国家和省级限制类技术临床应用情况实施监督管理。

省级医疗技术临床应用信息化管理平台应当与全国医疗技术临床应用信息化管理平台实现互联互通，信息共享。

第三十七条　医疗机构应当按照要求，及时、准确、完整地向全国和省级医疗技术临床应用信息化管理平台逐例报送限制类技术开展情况数据信息。

各级、各专业医疗质量控制组织应当充分利用医疗技术临床应用信息化管理平台，加大数据信息分析和反馈力度，指导医疗机构提高医疗技术临床应用质量安全。

第三十八条　国家建立医疗技术临床应用评估制度。对医疗技术的安全性、有效性、经济适宜性及伦理问题等进行评估，作为调整国家医疗技术临床应用管理政策的决策依据之一。

第三十九条 国家建立医疗机构医疗技术临床应用情况信誉评分制度，与医疗机构、医务人员信用记录挂钩，纳入卫生健康行业社会信用体系管理，接入国家信用信息共享平台，并将信誉评分结果应用于医院评审、评优、临床重点专科评估等工作。

第四十条 县级以上地方卫生行政部门应当将本行政区域内经备案开展限制类技术临床应用的医疗机构名单及相关信息及时向社会公布，接受社会监督。

第六章 法律责任

第四十一条 医疗机构违反本办法规定，有下列情形之一的，由县级以上地方卫生行政部门责令限期改正；逾期不改的，暂停或者停止相关医疗技术临床应用，给予警告，并处以三千元以下罚款；造成严重后果的，处以三千元以上三万元以下罚款，并对医疗机构主要负责人、负有责任的主管人员和其他直接责任人员依法给予处分：

（一）未建立医疗技术临床应用管理专门组织或者未指定专（兼）职人员负责具体管理工作的；

（二）未建立医疗技术临床应用管理相关规章制度的；

（三）医疗技术临床应用管理混乱，存在医疗质量和医疗安全隐患的；

（四）未按照要求向卫生行政部门进行医疗技术临床应用备案的；

（五）未按照要求报告或者报告不实信息的；

（六）未按照要求向国家和省级医疗技术临床应用信息化管理平台报送相关信息的；

（七）未将相关信息纳入院务公开范围向社会公开的；

（八）未按要求保障医务人员接受医疗技术临床应用规范化培训权益的。

第四十二条　承担限制类技术临床应用规范化培训的医疗机构，有下列情形之一的，由省级卫生行政部门责令其停止医疗技术临床应用规范化培训，并向社会公布；造成严重后果的，对医疗机构主要负责人、负有责任的主管人员和其他直接责任人员依法给予处分：

（一）未按照要求向省级卫生行政部门备案的；

（二）提供不实备案材料或者弄虚作假的；

（三）未按照要求开展培训、考核的；

（四）管理混乱导致培训造成严重不良后果，并产生重大社会影响的。

第四十三条　医疗机构有下列情形之一的，由县级以上地方卫生行政部门依据《医疗机构管理条例》第四十七条的规定进行处理；情节严重的，还应当对医疗机构主要负责人和其他直接责任人员依法给予处分：

（一）开展相关医疗技术与登记的诊疗科目不相符的；

（二）开展禁止类技术临床应用的；

（三）不符合医疗技术临床应用管理规范要求擅自开展相关医疗技术的。

第四十四条 医疗机构管理混乱导致医疗技术临床应用造成严重不良后果，并产生重大社会影响的，由县级以上地方卫生行政部门责令限期整改，并给予警告；逾期不改的，给予三万元以下罚款，并对医疗机构主要负责人、负有责任的主管人员和其他直接责任人员依法给予处分。

第四十五条 医务人员有下列情形之一的，由县级以上地方卫生行政部门按照《执业医师法》《护士条例》《乡村医生从业管理条例》等法律法规的有关规定进行处理；构成犯罪的，依法追究刑事责任：

（一）违反医疗技术管理相关规章制度或者医疗技术临床应用管理规范的；

（二）开展禁止类技术临床应用的；

（三）在医疗技术临床应用过程中，未按照要求履行知情同意程序的；

（四）泄露患者隐私，造成严重后果的。

第四十六条 县级以上地方卫生行政部门未按照本办法规定履行监管职责，造成严重后果的，对直接负责的主管人员和其他直接责任人员依法给予记大过、降级、撤职、开除等行政处分。

第七章 附 则

第四十七条 人体器官移植技术、人类辅助生殖技术、细胞治疗技术的监督管理不适用本办法。

第四十八条 省级卫生行政部门可以根据本办法，结合地方实际制定具体实施办法。

第四十九条 本办法公布前，已经开展相关限制类技术临床应用的医疗机构，应当自本办法公布之日起按照本办法及相关医疗技术临床应用管理规范进行自我评估。符合临床应用条件的，应当自本办法施行之日起 3 个月内按照要求向核发其《医疗机构执业许可证》的卫生行政部门备案；不符合要求或者不按照规定备案的，不得再开展该项医疗技术临床应用。

第五十条 中医医疗机构的医疗技术临床应用管理由中医药主管部门负责。

第五十一条 本办法自 2018 年 11 月 1 日起施行。

附录2：国家卫生计生委办公厅关于印发造血干细胞移植技术管理规范（2017年版）等15个“限制临床应用”医疗技术管理规范和质量控制指标的通知

国卫办医发〔2017〕7号

各省、自治区、直辖市卫生计生委，新疆生产建设兵团卫生局：

为进一步加强医疗技术临床应用事中事后监管，做好“限制临床应用”医疗技术的临床应用管理工作，规范临床行为，保障医疗质量和医疗安全，我委组织制（修）订了《造血干细胞移植技术管理规范（2017年版）》等15个“限制临床应用”的医疗技术管理规范，并制定了相应技术的质量控制指标（可从国家卫生计生委网站下载）。现印发给你们，请遵照执行。

2009年11月13日印发的《变性手术技术管理规范（试行）》（卫办医政发〔2009〕185号）、《心室辅助装置应用技术管理规范（试行）》（卫办医政发〔2009〕186号）、《放射性粒子植入治疗技术管理规范（试行）》（卫办医政发〔2009〕187号）、《肿瘤深部热疗和全身热疗技术管理规范（试行）》（卫办医政发〔2009〕188号）、《脐带血造血干细胞治疗技术管理规范（试行）》（卫办医政发〔2009〕189号）、《肿瘤消融治疗技术管理规范（试行）》（卫办医政发〔2009〕190号）、《口腔颌面部肿瘤颅颌联合根治技术管理规范（试行）》（卫办医政发〔2009〕191号）、《颅颌面畸形颅面外科矫治技术管理规范（试行）》（卫办医政发〔2009〕192号）、《口腔颌面部恶性肿瘤放射性粒子植入治疗技术管理规范（试行）》（卫办医政发〔2009〕193号）、《颜面部同种异体器官移植技术管理规范（试行）》（卫办医政发〔2009〕194号）、《基因芯片诊断技术管理规范（试行）》（卫办医政发〔2009〕195号）、《人工智能辅助诊断技术管理规范（试行）》（卫办医政发〔2009〕196号）、《人工智能辅助治疗技术管理规范（试行）》（卫办医政发〔2009〕197号）、《质子和重离子加速器放射治疗技术管理规范（试行）》（卫办医政发〔2009〕198号）、《组织工程化组织移植治疗技术管理规范（试行）》（卫办医政发〔2009〕199号）同时废止。

附件：

1. 造血干细胞移植技术管理规范（2017版）

2. 造血干细胞移植技术临床应用质量控制指标（2017版）

3. 同种胰岛移植技术管理规范（2017版）

4. 同种胰岛移植技术临床应用质量控制指标（2017版）

5. 同种异体运动系统结构性组织移植技术管理规范（2017版）

6. 同种异体运动系统结构性组织移植技术临床应用质量控制指标（2017版）

7. 同种异体角膜移植技术管理规范（2017 版）

8. 同种异体角膜移植技术临床应用质量控制指标（2017 版）

9. 同种异体皮肤移植技术管理规范（2017 版）

10. 同种异体皮肤移植技术临床应用质量控制指标（2017 版）

11. 性别重置技术管理规范（2017 版）

12. 性别重置技术临床应用质量控制指标（2017 版）

13. 质子和重离子加速器放射治疗技术管理规范（2017 版）

14. 质子和重离子加速器放射治疗技术临床应用质量控制指标（2017 版）

15. 放射性粒子植入治疗技术管理规范（2017 版）

16. 放射性粒子植入治疗技术临床应用质量控制指标（2017 版）

17. 肿瘤深部热疗和全身热疗技术管理规范（2017 版）

18. 肿瘤深部热疗和全身热疗技术临床应用质量控制指标（2017 版）

19. 肿瘤消融治疗技术管理规范（2017 版）

20. 肿瘤消融治疗技术临床应用质量控制指标（2017 版）

21. 心室辅助技术管理规范（2017 版）

22. 心室辅助技术临床应用质量控制指标（2017 版）

23. 人工智能辅助诊断技术管理规范（2017 版）

24. 人工智能辅助诊断技术临床应用质量控制指标（2017版）

25. 人工智能辅助治疗技术管理规范（2017版）

26. 人工智能辅助治疗技术临床应用质量控制指标（2017版）

27. 颅颌面畸形颅面外科矫治技术管理规范（2017版）

28. 颅颌面畸形颅面外科矫治技术临床应用质量控制指标（2017版）

29. 口腔颌面部肿瘤颅颌联合根治技术管理规范（2017版）

30. 口腔颌面部肿瘤颅颌联合根治技术临床应用质量控制指标（2017版）

国家卫生计生委办公厅
2017年2月14日

备忘录

备忘录

备忘录